渉外担当者のための
補助金活用支援がよくわかる本

大西 俊太 著

経済法令研究会

はしがき

　人口減少によって国内市場の伸びが期待できない中、中小企業が生き残り、さらに発展を目指すには、多くの課題に向き合うことが求められます。新製品や新サービスのための設備投資や、海外市場も含めた新規需要開拓へ向けた製品やサービスの開発のための新たな取組みも必要です。

　そのような中小企業の取組みを支援する制度として補助金があります。補助金が活用できれば必要資金の負担も軽減され、大変有利です。

　ただし、日々の業務に追われている中小企業経営者にとって、限られた期間に公募が行われる補助金の情報入手や、労力のかかる申請書類作成を独力で行うのは困難な場合も多いでしょう。

　そこで、経営革新等認定支援機関でもある地域金融機関としては、中小企業に対する補助金の活用支援において重要な役割を果たすことが期待されます。

　本書は主に金融機関本部の企画部署から営業店の渉外担当者まで、補助金の活用支援に携わる方々にとって、すぐに役立つことを目指して執筆しました。金融機関に限らず、他の中小企業支援関係者にも役立つ内容です。

　まず第1章「補助金活用支援の基本」では、補助金の活用支援を行うにあたって最低限知っておくべき補助金の基礎的知識や支援の考え方などを整理しています。日頃から中小企業経営者に接している渉外担当者にとっても、取引先への情報提供や提案の際に押さえておくべき知識です。

　続く第2章「事前準備段階で必要な知識」では、経営者へのアプローチや補助金選び、支援の流れや支援体制づくりといった、金融機関に共通する初期の課題についてポイントをまとめました。

　そして第3章「申請書作成段階で必要な知識」では、申請の段階で最も重要な申請書類の作成方法を中心に記載してあります。経営者のヒアリングから審査に通りやすい事業計画書の書き方、採択後のフォローまで、実践的アドバイスができるよう具体的なポイントについて詳しく解説しまし

た。

　さらに、第4章「主な補助金等の仕組み」では、主要な国の補助金や、補助金と関連の深い法認定制度を紹介し、第5章「業界と地域特性による補助金活用支援事例」では、製造業、小売業、サービス業の補助金活用支援の具体例を記載しています。

　返済不要の公的資金を利用できる補助金は非常に有利な制度です。とはいえ、制度を知らない中小企業経営者も多いといえます。情報提供や申請へのアドバイスなどの補助金活用支援は、地域の中小企業支援を担う地域金融機関にふさわしい役割の1つとして歓迎されることでしょう。また、金融機関としても補助金活用支援を機に事業性評価融資につなげるなど、取引推進の効果も十分期待できます。

　本書が1人でも多くの中小企業支援に携わる金融機関の皆さんと、ひいては取引先の中小企業に役立つことを祈念しております。

　最後に、本書の的確でタイムリーな企画をもとに執筆の機会をいただき、編集・校正においても多くのアドバイスとご尽力をいただきました経済法令研究会出版事業部の中村桃香さんには大変お世話になりました。ここに記して心よりお礼申し上げます。

2019年5月

株式会社ベンチャーパートナーズ　大西俊太

CONTENTS

第1章　補助金活用支援の基本
- 第1節　補助金の基礎知識 …………………………………… 2
- 第2節　補助金の探し方 ……………………………………… 12
- 第3節　公募要領の読み解き方 ……………………………… 20
- 第4節　補助金活用支援の取組み効果 ……………………… 27

第2章　事前準備段階で必要な知識
- 第1節　経営者の想いをキャッチする ……………………… 34
- 第2節　補助金の選び方 ……………………………………… 40
- 第3節　補助金活用支援の流れ ……………………………… 46
- 第4節　補助金活用支援体制の作り方 ……………………… 51

第3章　申請書作成段階で必要な知識

- 第1節　経営者へのヒアリングの仕方 …………………… 62
- 第2節　ストーリー作りのポイント ……………………… 72
- 第3節　事業計画書等の作成 ……………………………… 81
- 第4節　スケジュール管理とフォローアップ …………… 110

第4章　主な補助金等の仕組み

- 第1節　ものづくり・商業・サービス生産性向上促進補助金 …………………………………………………… 122
- 第2節　小規模事業者持続化補助金 ……………………… 142
- 第3節　その他補助金の概要 ……………………………… 155
- 第4節　法認定制度の活用 ………………………………… 159

第5章　業界と地域特性による補助金活用支援事例

- 第1節　製造業のものづくり補助金のケース …………… 182
- 第2節　サービス業のものづくり補助金のケース ……… 187
- 第3節　小売業の持続化補助金のケース ………………… 192
- 第4節　サービス業の持続化補助金のケース …………… 196

第1章
補助金活用支援の基本

| 第1節　補助金の基礎知識
| 第2節　補助金の探し方
| 第3節　公募要領の読み解き方
| 第4節　補助金活用支援の取組み効果

第1節

補助金の基礎知識

　国や自治体などの公的資金が使える補助金の活用は中小企業にとって大きなメリットがあります。一方、補助金を受けるには多くの申請書類を作成し、審査で採択される必要があり、手続きも煩雑で大変です。
　また、補助金は事業者や対象事業の要件があり、後払いであること、補助率や補助金額の上限があること、公募期間中に申請が必要なことなど、知っておくべき基礎知識があります。

01 補助金の目的

　補助金は、国、地方自治体などが政策に沿った事業者の特定の事業活動を支援するために、必要な資金の一部を支給する制度です。
　本書においては、主に経済産業省（中小企業庁）等が所管する事業系の補助金を対象として取り上げます。
　代表的な国の事業系補助金としては、「ものづくり・商業・サービス生産性向上促進補助金（以下、「ものづくり補助金」という）」、「小規模事業者持続化補助金（以下、「持続化補助金という）」などがあります。
　補助金について法律上明確な定義はありませんが、補助金の運営にあたっては、「補助金等に係る予算の執行の適正化に関する法律（以下、「補助金適正化法」という）」が適用されます。

第1節 補助金の基礎知識

● 図表1-1　事業系補助金の概要（例）●

補助金名	実施主体	目的	補助率・上限金額
ものづくり・商業・サービス生産性向上促進補助金（通称：ものづくり補助金）	経済産業省（中小企業庁）	生産性向上に資する革新的サービス開発・試作品開発・生産プロセスの改善を行うための設備投資等の一部を支援	1/2、2/3 500万円、1,000万円
戦略的基盤技術高度化支援事業（通称：サポイン事業）	経済産業省（各経済産業局）	ものづくり高度化法にもとづく情報処理、精密加工、立体造形等の12技術分野の向上につながる研究開発、その試作等の取組みを支援	2/3 9,750万円
小規模事業者持続化補助金（通称：持続化補助金）	経済産業省（中小企業庁）	小規模事業者の販路開拓等の取組みや、あわせて行う業務効率化（生産性向上）の取組みを支援するため、経費の一部を補助	2/3 50万円、100万円
地域創造的起業補助金	経済産業省（中小企業庁）	新たに創業する者に対して創業に要する経費の一部を助成	1/2 100万円、200万円
新製品・新技術開発助成事業	東京都（東京都中小企業振興公社）	実用化の見込みのある新製品・新技術の自社開発を行う都内中小企業者等に対し、試作開発における経費の一部を助成	1/2 1,500万円

出所：平成29年度補正予算、平成30年度補正「公募要領」より作成

02　補助金と助成金の違い

　補助金と同様に事業者がもらえる公的資金として助成金があります。名称は異なりますが、実質的には補助金と同じと考えてよいでしょう。

　一般的に、経済産業省などが所管の新製品開発や新事業などに対するものが補助金、厚生労働省（ハローワーク）所管の雇用政策上のものが助成金という名称です。個別の制度ごとに詳細は異なりますが、それぞれのおおまかな特色は図表1-2のとおりです。都道府県など地方自治体の制度は

● 図表1-2　補助金と助成金の違い ●

	補助金（事業系）	助成金（雇用系）
実施主体	経済産業省（中小企業庁）など	厚生労働省（ハローワーク）など
補助対象事業	新技術、新製品開発のための設備投資等	正規雇用への転換、高齢者雇用、従業員教育、新規雇用
対象／要件	中小企業者（法人、個人）	雇用保険の加入事業者
補助上限金額	数十万〜1億円	数十万円／1件が中心
補助率	1/2〜2/3	－（補助率の概念はない）
対象経費	特定の使途のみ	原則特定されない
審査	形式要件と事業計画内容の評価	形式要件充足の確認
採択率	数％〜数十％	要件充足でほぼ100％

補助金と呼ぶ場合が多いようですが、例外もあります。

03　補助金適正化法

　「補助金等に係る予算の執行の適正化に関する法律」（補助金適正化法）によって、国の補助金に共通する事項が定められています。
　その中で、補助金を不正に受領したり、定められた目的以外に使用したりした場合は、補助金を返還しなくてはならない旨が定められています。
　それだけでなく、罰則として「五年以下の懲役もしくは百万円以下の罰金」が規定されています。

04 補助金活用によるメリット

　補助金の活用によって、返さなくてよい事業資金がもらえるだけではなく、副次的なものも含めて以下のような多くのメリットがあります。補助金活用の支援対象先へ申請へのチャレンジをお勧めする場合にも、頭に入れておくとよいでしょう。

図表1-3　補助金活用のメリットと課題

【メリット】
・有利な資金調達
・事業リスクの低減
・事業計画の具体化
・対外的信用力向上

【課題】
・煩雑な手続き
・一定の競争率
・事業資金の準備

(1) 有利な資金調達

　事業資金の調達には、借入金や資本調達（増資など）をはじめとして、いくつかの方法があります。補助金もそのような資金調達手段の１つです。

　補助金は後払いという点はありますが、原則として返済不要で利息などの費用負担もなく、最も有利な資金調達といえます。

(2) 事業リスクの低減

　新規事業やそのための設備投資にはリスクがつきものです。必ずしも計画どおりに売上や利益があがらないことも十分あり得ます。

　とはいえ、事業がうまくいかない場合でも事業資金を借入金で調達した

場合、返済は予定どおりに行わなくてはなりません。その点、返済不要の補助金が活用できれば、その分リスクを減らすことができます。

（3）計画立案の具体化

　補助金に採択されるためには形式要件や事業計画に対する厳格な審査を通過して、補助金にふさわしい事業として選ばれる必要があります。そのため、詳細な事業計画書を中心とした申請書類の作成が必要です。

　補助金申請に不可欠な事業計画書を作成する過程で、事業の独自性や顧客ターゲットを明確にすることが必要です。売上高や利益、必要資金の計画も具体的に立案することが求められます。

　したがって、補助金申請を通じて必然的に事業計画がブラッシュアップされ、実現可能性の高い具体的な計画にすることができるといえます。

（4）対外的信用獲得

　補助金の対象者に選ばれると通常、事業者名、事業名称が公表されます。採択者の一覧表はWEBサイト上で誰でも見られるようになります。

　また、事業者自身が自社のホームページなどで、「〇〇年度〇〇補助金に採択されました」などと自らPRすることも可能です。

　事業系の補助金に採択されることは、厳しい審査を通った結果ですので、いわば公的なお墨付きをもらったようなものです。したがって、対外的信用面でもプラスになりますし、営業上や求人の際のPRにもなります。

05　補助金活用にあたっての課題

　補助金に採択されると、以上のように大きなメリットがあります。しかし一方で、補助金に採択されるのはそう簡単なことではありません。具体的には以下のような点が課題としてあげられます。

(1) 複雑な要件と申請書類の作成

補助金は税金をもとにした公共の予算から支出されるものです。原則として返さなくてよい公のお金をもらえるのですから、それにふさわしい事業として選ばれる必要があります。

そのため、対象要件や事業計画書の内容について厳格な審査が行われます。応募のために必要となる申請書類も多く、特に事業計画書の作成には労力がかかります。採択された後も、実際に補助金を受け取るまでには多くの書類提出が必要です。

(2) 一定の競争がある

事業系の補助金については、対象要件を満たしている中から事業計画の審査を経て、その一部が選ばれます。具体的には、事業の革新性や実現性など様々な角度から複数の審査員が評価して決定する仕組みです。

実際の採択率（応募した中から選ばれる比率）は、たとえば、ものづくり補助金では約40％と、申請しても採択されないことが十分あり得ます。したがって、同時に応募する事業者と一定の競争があることが補助金獲得の前提になります。

(3) あらかじめ資金の準備が必要

また、補助金は精算払い（後払い）が原則です。補助金に採択されてもすぐにお金が振り込まれる訳ではありません。

設備投資を行うなどの事業を進めるにあたっては、あらかじめ自ら用意した事業資金で支払うことが必要です。まず事業計画どおりに支出を行い、最終的にまとめて請求してはじめて補助金を受け取ることができます。

このように補助金は事業資金の一部に対して後払いが原則なので、まずは自己資金で支出することになります。足りない場合はつなぎ資金借入などが必要です。

06 対象要件

　補助金に採択されるには、対象事業者自体と補助金の対象となる事業（事業者が支出を行う活動）にも詳細な要件があります。要件は補助金ごとに異なりますので、詳しくはそれぞれの公募要領で確認してください。

(1) 対象事業者としての要件

　多くの補助金は、中小企業基本法で定める中小企業基準に該当することが求められます。また、補助金の予算は税金をもとにしていますので、税金滞納者は当然ながら対象外です。

　対象業種としては、製造業に対する補助金が多いといえますが、流通・サービス業なども対象になるものもあります。

　公序良俗に反する事業者や風俗営業などは当然対象外となりますが、それ以外は原則として業種にかかわらず対象となると考えてよいでしょう。

● 図表1-4　中小企業の定義（中小企業基本法）●

業　種	中小企業者（下記のいずれかを満たすこと）		小規模企業者
	資本金の額または出資の総額	常時使用する従業員の数	常時使用する従業員の数
①製造業、建設業、運輸業 その他の業種（②〜④を除く）	3億円以下	300人以下	20人以下
②卸売業	1億円以下	100人以下	5人以下
③サービス業	5,000万円以下	100人以下	5人以下
④小売業	5,000万円以下	50人以下	5人以下

　一般的な法人である会社以外の組織では、対象となる場合とならない場合があります。たとえば、非営利組織であるNPO法人（特定非営利活動

法人）は中小企業者の定義に入らず原則として対象とはなりませんが、条件付きで対象となる場合もあります。

　また、法人ではなく、個人事業者でも中小企業者に含まれますので原則として補助金の対象です。組織形態として、会社ではなく協同組合などの組合も対象である場合が多いといえます。それぞれの補助金ごとに異なりますので確認が必要です。

(2) 対象事業の要件

　補助金の対象となる「事業」は、補助金ごとに異なります。製造業向けの補助金では試作開発やそのための設備投資などが中心です。

　製造業以外も含む補助金では、たとえば、小規模事業者持続化補助金では、「経営計画に沿って取り組む地道な販路開拓等」の活動が対象事業です。

　補助金で使われる「事業」とは一般的な用語と異なり、経営活動のうちの新規事業開発や販売促進のためなどの限定された事業活動など活動目的を中心にした考え方を意味します。したがって、それぞれの補助金ごとに補助対象事業は定められた範囲に限られる点に注意が必要です。

　また、リスクのある新しいことへのチャレンジを支援するという補助金の一般的な趣旨からして、既存事業を従来どおり継続するために必要な通常の運転資金や設備資金などの支出は原則として補助金の対象外です。

(3) 対象経費と支払い

　補助対象事業にかかるお金のすべてが補助金の対象ではありません。対象事業にかかる費用のうち、特定の費目の費用だけが対象です。

　対象経費は補助金ごとに異なります。たとえば、ものづくり補助金の一般型の場合、対象経費は機械装置費、技術導入費、専門家経費、運搬費、クラウド利用費の5種類に限られます。また、それぞれの費目の定義も厳格に決められています。

図表1-5 補助金の対象要件と対象経費

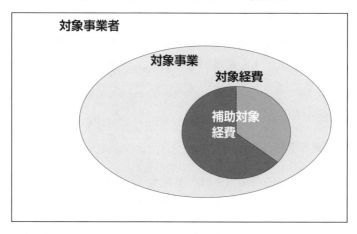

07 補助率と上限金額

補助金には補助率と金額の上限があります。補助率とは補助対象となる費用全額を100%とした場合に、その何割が補助されるかという割合です。多くの補助金の補助率は2分の1から3分の2程度で、残りは事業者自らの負担です。

補助金の種類によって、金額上限が異なりますが、数十万円から1千万円前後が一般的です。中には数年間に渡り、合計1億円近く受け取ることができる補助金もあります。

08 公募期間と審査

事業系の補助金は毎年1回ないし数回の公募が行われます。公募期間は短い場合、1ヵ月あまりのこともあり、この限られた期間の締切に間に合うように申請する必要があります。短期間で多くの申請書類を作成する必要がありますので注意が必要です。

また、形式要件の審査だけでなく、事業計画書の内容を評価する審査があります。国の補助金は書類審査のみですが、地方自治体の補助金などでは面接審査もある場合があります。

09 補助金申請から支給までの流れ

補助金は、申請して採択されても、実際にお金をもらえるまでに何段階かの手続きが必要になります。その間1年以上かかることも十分ありますので、つなぎ資金などが必要となり、補助金申請を支援する立場の行職員としても全体の流れを理解しておく必要があります。

● 図表1-6　募集期間と事業スケジュール（例）●

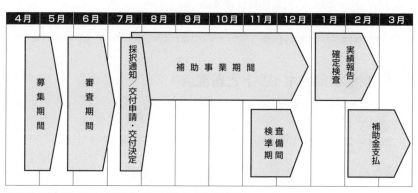

出所：平成30年度地域創造的起業補助金「募集要項」

第2節

補助金の探し方

　どのような補助金が使えるかを探すには中小企業支援機関のWEBサイトなどから情報収集するのが効率のよい方法です。公募スケジュールや過去の採択実績などに注目する他、対象企業の業種や業歴などにマッチした補助金を探します。
　また、逆に特定の補助金を定めて情報を集め、その補助金に適した対象企業を探す方法もあります。

01　情報収集のポイントと留意点

（1）公募スケジュール情報

　事業系の補助金は、年間のうち公募される時期が限られます。1年のうち公募が1回だけの補助金も珍しくありません。その場合、公募期間を逃すと次のチャンスは1年後になりますので公募予定をウォッチしておき、公募開始の情報をいち早く入手することが非常に重要です。
　事前に公募開始予定は発表されないことが多く、あらかじめ公募の時期をある程度予想しておくことがポイントになります。

（2）補助金ごとに異なる採択率

　補助金はあらかじめ決まっている予算をもとに公募が行われます。した

がって、応募状況によっては、狭き門となる場合もあり得ます。応募全体のうちどのくらいの件数が選ばれたかという採択率の数字は補助金の種類やその年の予算額や応募状況によって異なります。採択率実績で難易度がわかりますので、応募を検討する際の情報として過去の採択率は確認しておくべきでしょう。たとえば、ものづくり補助金の採択率は約40%となっています。

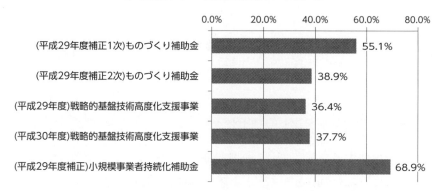

図表1-7　補助金採択率の例

02 WEBサイトからの情報収集

(1) 中小企業支援機関のサイト

　補助金の情報収集を効率的に行うにはインターネットが最も有効です。特に下記のWEBサイトは、検索可能なデータベースとして利用できます。これらのサイトから個別の補助金の公募要領を調べることで、かなりの情報が得られます。
　ただし、現時点で公募中の補助金だけでなく、過去に公募された補助金についても検索のうえ、次回以降の公募に備えて情報を集めておくとよい

でしょう。

● 図表1-8　中小企業支援機関等の情報サイト ●

WEBサイト名/URL	運営者	補助金情報ページ
J-Net21「支援情報ヘッドライン」 https://j-net21.smrj.go.jp/snavi/	中小企業基盤整備機構	補助金・助成金・公募
ミラサポ https://www.mirasapo.jp/	中小企業庁委託事業	補助金・助成金ヘッドライン
中小企業庁 http://www.chusho.meti.go.jp/	中小企業庁	公募・情報公開 → 補助金等公募案内
東京都中小企業振興公社 http://www.tokyo-kosha.or.jp/	東京都中小企業振興公社	助成金・設備投資

(2) 補助金コンサルタントのサイト

　補助金申請支援を行っている士業や経営コンサルタント系のWEBサイトも参考になるものがあります。主要な補助金の特色や応募書類の作成のポイント、採択される事業計画の書き方のコツなどが記載されているサイトもあります。メルマガ購読などに登録しておけば、公募が開始され次第いち早く情報がえられるなどメリットがあります。

　ただし、民間のコンサルタントのサイトにある情報については信頼性が必ずしも高いものばかりではありませんので、正確な情報は公的支援機関のWEBサイトや補助金事務局で確認するようにしてください。

03　外部支援機関からの情報収集

(1) 補助金事務局

　行政機関や商工団体などの補助金事務局もその組織が所管する補助金の

情報収集に役立ちます。特に個別の事業者の応募に際して、対象要件を確認したり、応募書類についての質問をしたりする場合には補助金事務局に問い合わせることが正確で効率的です。

事業計画書の書き方など申請書作成について、個別にアドバイスをしている場合もありますので活用するとよいでしょう。

(2) 経営革新等支援機関

地域金融機関は経営革新等支援機関（以下、「認定支援機関」という）として認定を受けています。金融機関としては、自行本部の担当部署でも認定支援機関の確認が必要な補助金については情報を把握しています。それ以外の主要な補助金についての情報も得られる場合があるので、直接問い合わせてみるとよいでしょう。

04 業種にマッチした補助金

補助金の支援を行う金融機関としては、支援すべき対象先が決まっていれば、その事業者にマッチした補助金を探すことになります。

(1) 製造業向け

事業系の補助金としては、製造業向けの補助金が最も多いと思われます。製造業では設備投資や新製品開発など金額のまとまった資金需要が多いため、補助金の上限金額も必然的に大きくなります。

ものづくり補助金は現在、商業、サービス業も対象となっていますが、当初は製造業向けに限定されていました。

(2) その他業種向け

製造業以外でも広く業種にかかわらず対象となる補助金もあります。たとえば、販売促進のための商品開発や設備投資などの経費が主な対象とな

る小規模事業者持続化補助金は小売業や飲食業なども含め、業種にかかわらず対象となり、実際に多くの業種の小規模事業者が交付を受けています。

05 業歴・業態にマッチした補助金

(1) 既存事業者向け補助金

　一般の補助金は事業実績がある事業者向けのものが大半です。この場合は過去の決算など財務状況も審査の対象になる場合があります。債務超過状態だったり、大幅赤字だったりすると事業継続に疑問ありとして補助金対象者としては審査上不利になることがあります。

(2) 新規創業者向け補助金

　新規創業者（創業予定者含む）向けの補助金があります。中小企業の廃業が増加し、新規開業率の向上が重要課題となっていますので補助金による創業支援が行われています。

　なお、国の創業支援補助金については、予算の縮小で、現在は公募の対象が限定されていますが、都道府県など地方自治体においても創業者を支援する補助金がある場合があります。

　新規創業者向けの補助金では、事業内容にかかわらず広く多くの業種が対象です。ただし、定められた認定市区町村の創業支援制度を受けることが前提となっている場合がありますので、事前に確認が必要です。

06 地方自治体の補助金

　都道府県など地方自治体の補助金では、地域内の産業振興をはじめ、地域課題の解決や地域資源の活用など、それぞれの地域において支援すべき

重要な課題に取り組む事業者に対して補助金の制度が定められています。

国の補助金よりも予算規模は小さくなるため、金額的には比較的少額のものが多くなっています。

また、対象事業者の事業所所在地が補助金を提供する自治体内にあり、一定期間以上の事業実績が要件になっていることがほとんどです。

07 対象補助金の選定

金融機関として補助金申請支援を行うにあたっては、特定の補助金を定めて申請支援を行うほうが効率的であり、組織的に対応をしやすいといえます。

特に、応募申請にあたって認定支援機関としての確認が必要なものづくり補助金などについては積極的な対応が期待されます。

08 特定補助金についての情報収集

(1) 公募スケジュールの把握

補助金申請は公募期間が限られるうえ、公募開始まで事前には公募予定が公開されないことも多くなっています。したがって、あらかじめ公募期間をある程度予想しておくことが、特定の補助金申請支援を行う立場において準備として必要です。毎年同じ時期に公募が行われるケースもありますし、予算規模によっては追加の公募が行われる場合もあります。

(2) 公募要領の詳細把握

実際に公募が開始され、公募要領が公開され次第、対象要件など詳細を確認します。同じ補助金でも毎年内容がすべて同じとは限らず、ものづくり補助金のように少しずつ変更点があることに注意が必要です。

そこで、あらかじめ前回の公募要領の内容を確認しておきます。その後、実際に公募開始され次第、前回との変更点を確認することが効率的です。

(3) 過去の採択率と採択事例の情報

過去の採択率と採択事例なども公表されている場合があります。公的支援機関のWEBサイトなどで過去の傾向を把握しておくことで、その補助金申請の難易度や、どのような事業者が採択されているかのイメージがわきます。

多くの補助金では事業者名と事業名が公表されていますので、補助金の窓口機関のホームページで確認しておくとよいでしょう。

09 特定補助金の支援体制構築

(1) 本部の役割

事業系の補助金は公募期間が短期間に限られるため、タイミングを逃さず支援を行うためには、あらかじめ情報収集を行い、具体的な支援施策を固めておくことが不可欠です。

補助金情報の収集や施策立案は金融機関本部の役割でしょう。また、金融機関の営業店担当者向けや顧客向けの補助金セミナーや説明会の開催なども有効です。補助金支援に関わる施策立案などの企画と営業店支援の役割が求められます。

(2) 営業店の役割

特定の補助金にターゲットをあてて集中的に支援するためには、対象候補となる事業者をリストアップする必要があります。それが顧客の接点となる営業店の役割です。

リストアップは重要な既存取引先だけでなく、未取引先も含めて取引関係を強化したい先や、補助金の対象となるような新たな事業にも積極的で支援の効果が期待できる事業者を選ぶとよいでしょう。

また、個々の顧客に対して補助金活用を提案するためには、営業店担当者も補助金に関する基礎的な知識を身につけておく必要があります。

第3節
公募要領の読み解き方

　補助金の内容は公募要領にその詳細がすべて記載されています。したがって、公募要領を読み込むことが補助金申請の検討には不可欠です。
　そのためには公募要領で使われる用語を理解し、対象要件や公募スケジュールを確認することが応募を決める段階でのポイントになります。さらに、申請書類作成の段階では対象経費や審査ポイントについても詳細をよく確認することが大切です。

01 公募要領とは

　補助金の公募にあたって公開される要項が公募要領です。補助金の申請に必要なことはすべて公募要領に記載されています。逆にいうと、応募しようとする補助金の公募要領さえよく理解すれば、補助金申請は誰でもできるともいえます。
　補助金の公募要領は数10ページから100ページあまりに達し、かなり細かい注意事項も記載されています。公募要領を熟読し、常に確認しながら申請書類作成にあたらねばなりません。

● 図表1-9　公募要領の目次の例（ものづくり補助金）●

〔　目　　　次　〕

Ⅰ．本事業について ································· 6
　1．事業の目的 ································· 6
　2．補助対象者 ································· 6
　3．補助対象事業及び補助率等 ···················· 7
　4．事業実施期間及び補助対象要件 ················ 10
　5．事業のスキーム ······························ 13
　6．補助対象経費 ································ 15
　7．補助上限額増額及び補助率アップの要件 ········ 19
　8．応募申請書類の記入・提出にかかる留意点 ······ 20
　9．補助事業者の義務 ···························· 35
　10．財産の帰属等 ······························ 36
　11．その他 ···································· 36

Ⅱ．参　考 ·· 37
1．資金面に関すること
　● つなぎ融資のご案内について ··················· 38
　● ＰＯファイナンスのご案内について ············· 38

2．応募申請要件に関すること
　● 認定支援機関について ························ 38
　● 事業計画書作成支援者について ················ 40
　● 「中小サービス事業者の生産性向上のためのガイドライン」について ········· 40
　● 「中小ものづくり高度化法」について ··········· 41
　● 経営革新計画について ························ 42
　● 経営力向上計画について ······················ 42
　● 地域経済牽引事業計画について ················ 42
　● 先端設備等導入計画について ·················· 43
　● 購入型クラウドファンディングについて ········· 43
　● 主たる業種、本事業で取り組む対象分野となる業種（日本標準産業分類、中分類）について ········· 44
　● 小規模企業者・小規模事業者について ··········· 45
　● 特定非営利活動法人の申請要件について ········· 47

3．企業会計、税制に関すること
　● 中小企業投資促進税制について ················ 48
　● 本補助金で取得した固定資産等に係る圧縮記帳について ····· 48
　● 「中小企業の会計に関する基本要領」及び「中小企業の会計に関する指針」について ············· 48

4

4．経費の支出に関すること
　● 経費支出基準について ………………………………… 49
　● 旅費支給に関する基準について ……………………… 50

5．事業化（段階）について
　● 事業化（段階）について ……………………………… 52

6．その他
　● クラウドについて ……………………………………… 52
　● 中小企業技術革新制度（SBIR制度）について …… 53
　● スマートものづくり応援隊について ………………… 53
　● ロボットシステムインテグレータ（ロボットSIer）について … 54
　● 「おもてなし規格認証」について …………………… 54
　● お問合せ先（地域事務局一覧） ……………………… 55

Ⅲ．応募申請書類（様式等） ………………………… 56

≪「一般型」・「小規模型」に単体で応募申請する場合≫
　提出書類チェックシート ………………………………… 57
　【様式1】事業計画書の提出について（対象類型共通） … 58
　【様式2】事業計画書（革新的サービス） …………… 60
　【様式2】事業計画書（ものづくり技術） …………… 65

≪「一般型」・「小規模型」に複数の事業者で共同申請する場合≫
　提出書類チェックシート ………………………………… 70
　【様式1】事業計画書の提出について（対象類型共通） … 71
　【様式2】事業計画書（革新的サービス） …………… 73
　【様式2】事業計画書（ものづくり技術） …………… 78

≪全事業者提出≫
　認定支援機関確認書 ……………………………………… 83
≪該当する事業者のみ≫
　労働者名簿一覧 …………………………………………… 85
　平成30年北海道胆振東部地震における被害状況証明書 … 86

※　応募申請書類は、本公募要領や地域事務局が定める様式に従い、補助事業の実施場所に所在する地域事務局に提出してください。

出所：平成30年度補正ものづくり補助金「公募要領」

02 事前の情報収集

公募要領はその補助金の公募開始と同時に公開されます。その時点で窓口機関のホームページで確認することができます。ただし、公募期間は約1～2ヵ月と短い場合が多く、公募が開始されてから準備したのでは、締切までにあまり余裕がないことが多いといえます。

そこで、前回の募集時の公募要領をあらかじめ調べて、公募開始よりも前に、ある程度準備を進めておくとよいでしょう。その場合に、実際に応募する回の公募開始のときに改めて変更点がないか確認することが大切です。

03 公募要領の理解

(1) 補助金の重要用語

公募要領では、すべての用語の定義が説明されている訳ではありません。

また、一般的な用語と異なる意味で使われている補助金用語もありますので注意が必要です。そこで公募要領でよく使われる図表1-10のような専門用語の意味をあらかじめ理解しておくとよいでしょう。

(2) Q&A集や説明会の活用

公募要領とあわせて、申請書の記載事例やQ&A集なども補助金事務局のWEBサイトで確認しておきたいところです。

また、ものづくり補助金などでは公募開始と同時に説明会の日程が発表されます。公募の事務局となる機関が主催する説明会では、公募要領をもとに、応募にあたって間違いやすい点や、前回までの公募と異なる点などを中心に説明が行われます。できるだけ早めに申込み、参加するとよいでしょう。応募を予定している事業者にも参加申込みをお勧めします。

● 図表1-10　補助金に関する専門用語例 ●

用 語	説 明
公募要領	補助金の内容や手続きの詳細などが記載されている文書。
補助事業	補助金の対象となる事業者の特定の経営活動。 例：製品の試作開発、そのための設備投資、売上拡大のための販促活動など。
補助率	対象経費のうち補助金が支給される割合。
採択	補助金の支給対象者に選定されること。
交付	補助金の支給、支払いを行うこと。
交付申請	採択された補助金の対象者が事業開始前に行う必要がある手続き。
交付決定	交付申請にもとづいて補助金の対象者を確定すること。交付決定後でないと補助対象事業の開始はできない。
事業実施期間	補助金対象事業を実施する期間。交付決定された対象経費に関する契約や支出はその期間内に行うことが条件。
補助対象経費	補助金の対象として認められる特定の費用。設備投資など会計上資産計上する資産の取得費用も含む。
経費明細表	補助金申請および交付申請の際に補助対象経費の明細を記載する表。

（注）代表的な国の補助金における用語、補助金によって異なる用語を用いる場合がある。

04 応募決定段階でのポイント

（1）対象要件の確認

　まず、確認すべきことは、事業者および事業の対象要件です。法人でも株式会社以外の場合など応募できるのか、応募条件は何かを確認します。
　また、都道府県など地方自治体の補助金では、対象となる事業所所在地の確認が不可欠です。登記上か実際の所在地なのか、本社所在地のみが対

象なのか、支店などの事業所所在地が該当すればよいのかなどを確認します。対象事業を行う場所の所在地がその都道府県内であることが要件の場合もありますので注意が必要です。

(2) 公募スケジュールの確認

公募開始から締切まで1～2ヵ月と期間が限られるケースも多いので、間に合うかどうか申請書類の提出締切日を確認します。また、公募全体のスケジュールを把握し、採択決定日、交付決定日がいつ頃になりそうか、事業期間の期限がいつかを確認します。

その上で、補助金で行う設備投資実行などの事業のタイミングがそのスケジュールで合うかどうかを判断することになります。

05 申請書類作成段階でのポイント

(1) 対象経費の確認

申請書類の中で、誤りやすい点があります。それは対象経費です。補助金の対象経費は限られていますが、経費の費目を示す用語が一般の会計用語とは異なることもあり、わかりにくいためです。

したがって、公募要領で慎重に確認のうえで、対象経費を間違いなく申請することが大切です。間違った場合は、不採択となる可能性があります。

特に重要なのが、金額が大きい設備資金関係の対象経費です。対象事業で購入する機械設備などの他に、ソフトウェアの購入やシステムの開発費用も設備投資として機械装置費などの対象になる場合がありますので、見逃さずに活用したいものです。

● 図表1-11　対象経費の例 ●

補助金名	対象経費
ものづくり・商業・サービス生産性向上促進補助金(注)	機械装置費、技術導入費、専門家経費、運搬費、クラウド利用費
小規模事業者持続化補助金	機械装置等費、広報費、展示会等出展費、旅費、開発費、資料購入費、雑役務費、借料、専門家謝金、専門家旅費、車両購入費、設備処分費、委託費、外注費
戦略的基盤技術高度化支援事業	設備備品費、消耗品費、人件費、謝金、旅費、外注費、印刷製本費、会議費、運搬費、その他（諸経費）、委託費、間接経費
地域創造的起業補助金	人件費、店舗等借入費、設備費、原材料費、知的財産権等関連経費、謝金、旅費、マーケティング調査費、広報費、外注費、委託費

（注）事業類型「一般型」および「小規模（設備投資のみ）」

(2) 審査ポイントの確認

　申請書類の中で最も重要な審査対象が事業計画書の部分です。そこで、事業計画書の審査ポイントを十分意識して作成することが非常に重要です。

　この審査ポイントは補助金によっては公募要領の中に明確に記載されていない場合もありますが、公募要領を読み込み、補助金の趣旨や対象からみて重要なポイントがどこなのか確認します。

　重要な審査ポイントである、事業の革新性や実現性などが事業計画書の中に具体的に示されていないと審査を通過しづらいでしょう。したがって、事業計画書の作成にあたって審査ポイントの確認は不可欠です。

第4節

補助金活用支援の取組み効果

　金融機関が補助金活用支援に取り組むことは、取引先の成長支援や地域活性化の一環として意義があり、認定支援機関としての役割でもあります。

　補助金活用支援にあたっては方針を明確にし、本支店間や外部専門家等との連携を図ることも必要です。また、補助金活用支援を通じて対象先の事業を深く理解することで、事業性評価融資などの取引深耕につながり、継続的な関係構築が可能となるなど多くの効果が期待できます。

01 取引先成長支援の一環

　補助金には、リスクがある事業にチャレンジする中小企業を支援するという共通の目的があります。最終的には補助金の活用によって、事業が成功し、事業者の成長を期待するものです。

　したがって、金融機関として補助金の活用を支援することは取引先の成長支援の一環といえるでしょう。

● 図表1-12　補助金活用支援の意義 ●

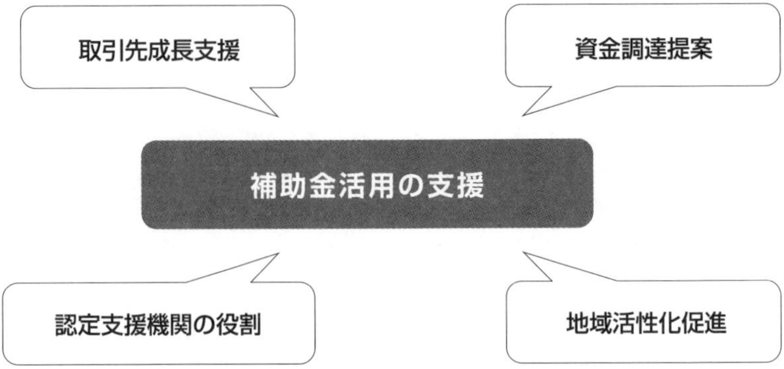

- 取引先成長支援
- 資金調達提案
- 補助金活用の支援
- 認定支援機関の役割
- 地域活性化促進

02 有利な資金調達手段の提案

　補助金は、原則として返還が不要な資金です。借入金よりも有利な資金調達の手段を提案し、それを支援することで取引先との信頼関係の構築に繋がります。新規取引の開始や取引の深耕にも役立つはずです。

03 認定支援機関としての役割

　大半の金融機関は認定支援機関として登録されています。したがって、金融機関は元々補助金申請の支援を行う役割を担っているのです。
　具体的には、認定支援機関の確認書が申請の添付書類として必須な補助金もあります。確認書とは、事業計画書の内容を評価して、それに対するコメントを記載した書類です。ものづくり補助金では、採択された事業者については事業者名と事業名に加えて認定支援機関名も公表されます。

04 地域活性化促進の一環

　地域金融機関として都道府県など地方自治体の補助金の活用支援を地元

事業者に対して行うことで、地域活性化を促進することに繋がります。その点も補助金活用支援を行う上での意義といえます。

05 補助金活用支援の留意点

(1) 支援方針と範囲の明確化

　補助金の申請は、事業計画書などの書類作成に慣れていない中小企業にとってかなり大変な作業です。しかしながら、金融機関としては、申請書類作成をすべて請け負うことは不可能です。また、本来補助金申請はあくまで事業者が主体となって行うべきものです。

　そこで、どのような段階でどこまで支援を行うのか、範囲を明確にしておくことが必要になります。金融機関自体の支援策として、補助金情報の提供や事業計画書作成にあたってのアドバイスは可能と思われますが、それ以上の支援は、外部の専門家などと連携して行うことが有効です。

　支援対象先の選定についても、未取引先も含めるのか既存取引先に限るのかなど、あらかじめ基準や方針を定めておけば、効果的、重点的な支援が可能になります。

(2) 本支店間での役割分担

　金融機関全体としての支援方針や支援具体策を取りまとめ、推進することは本部の役割になります。

　一方、個々の対象先との窓口は営業店です。営業店の担当者が動かないと補助金活用支援は進みません。とはいえ、補助金は一般の融資や金融商品とは異なる知識が必要です。営業店の担当者にとっては本部からの支援を得るとしても、これまでにない知識も必要になってきます。

　そこで、本支店間での連携と役割分担が補助金活用支援を進めるにあたっては不可欠で、特に本部のリードが大切といえます。

(3) 外部機関・専門家との連携体制

実際に補助金のための事業計画書や申請書の作成を自力でできる中小企業は限られています。特にアイデアや実行力はあっても、採択率が高くない補助金に選ばれる事業計画書を作成するとなるとそう簡単ではありません。

そこで、金融機関の職員ができるアドバイスなどの範囲を超える支援は、中小企業診断士など補助金申請が得意な外部専門家と連携することが有効です。金融機関としては、必要に応じて、信頼できる外部専門家を紹介することになるでしょう。

06 補助金活用支援の効果と活かし方

(1) 取引深耕のきっかけ

補助金申請支援によって取引先が補助金獲得に成功すれば、大いに感謝され、信頼関係が深まる効果が期待できます。

特に補助金申請にチャレンジして新事業へ踏み出そうとする前向きな経営者との信頼関係構築はその後の取引深耕に大いにプラスになるはずです。

また、補助金申請支援の対象先をこれまで与信取引がなかった新規先に対して行うことも有効です。どのような経営者でも公のお金がもらえる補助金には関心があると思いますので、情報提供だけでも新規先開拓のツールになるでしょう。

(2) 取引先事業の深い理解

補助金活用支援を行う過程で、対象先の事業内容や補助金の対象事業について深く理解することができます。具体的には事業計画書に盛り込む内容として、その事業のために必要な独自技術、市場ニーズや顧客ターゲッ

ト、仕入先やパートナー企業との取組みなどの理解が進みます。

それらの要素を整理し、事業計画にまとめるためのアドバイスを行うことで、理解が必然的に進むわけです。その結果、補助金申請の後も、販路開拓の支援や事業性評価融資などにつなげることができるでしょう。

07 リスク低減による与信取引推進

また、支援対象先が補助金を受領することで資金的、損益的にも財務面でプラスになります。補助金で行う対象事業のリスクが低減され、財務内容の改善にも繋がります。その結果、対象先に対して与信取引上もプラスとなることが考えられます。具体的には下記のような前向きな資金需要への対応があげられます。

● 図表1-13　補助金活用支援の効果と活かし方 ●

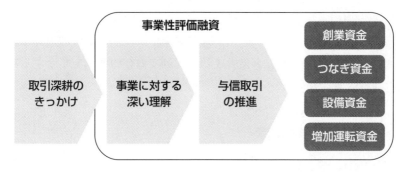

(1) 創業支援融資

創業支援補助金の支援対象先については、補助金に採択されるかどうかは別として、実際に創業の段階では創業支援融資の対象先となります。

補助金申請を行った段階で、損益計画、資金計画も含めてかなり具体的な事業計画書が完成しています。したがって、創業支援融資の申込みにも

ほぼそのまま使え、与信取引開始につながりやすいといえます。

(2) つなぎ融資

　補助金は後払いなので、採択され、交付決定を受けたとしても、対象事業に関する支出は自らの資金で支払う必要があります。

　そこで、自己資金で不足する場合、補助金入金までのつなぎ資金の需要が発生します。このつなぎ融資は資金使途が明確で返済原資も補助金ですので、リスクはほぼゼロに近く、無担保与信の検討もしやすいものです。与信取引がない先であっても与信対象にしやすくなるといえます。

(3) 成長資金融資

　補助金の対象事業が成功し、順調に収益があがるようになれば、成長資金の需要が発生します。売上増加に伴う運転資金や追加の設備投資資金の需要など前向きな資金需要に対して、融資検討の機会がえられます。

　補助金の申請支援で採択されれば、支援した金融機関としては事業者との信頼関係が構築されます。また、補助金の申請時点で事業計画を把握できるので、補助金交付後も事業の成功へ向けて顧客の候補を紹介することもできます。

08　継続的関係の構築

　補助金を獲得できた事業者に対して、フォローアップを行うことにより引続き継続的な関係が構築できます。補助金交付を受けた事業者は、その後も定期的に補助金事務局への報告が義務づけられます。

　すぐに与信先とならないとしても、年一回の決算後の定期報告の際にもアドバイスを行うなどフォローすることで、事業の進捗状況や資金需要の把握をすることが可能です。

第2章
事前準備段階で必要な知識

- 第1節　経営者の想いをキャッチする
- 第2節　補助金の選び方
- 第3節　補助金活用支援の流れ
- 第4節　補助金活用支援体制の作り方

第1節
経営者の想いをキャッチする

　金融機関としては、補助金にふさわしい新しい事業を計画している前向きな経営者を支援対象先として選ぶことがポイントです。
　経営者の資質や意欲、対象事業の特色などから事業化の可能性もある程度見極めます。そして、経営者の事業に対する想いをキャッチし、共感することが支援のスタートになるでしょう。

01 支援対象先のリストアップ

(1) 補助金活用提案の考え方

　返済しなくてよい公的資金をもらえる補助金は、大抵の経営者が興味をもつものです。金融機関からの提案としても歓迎されるはずです。
　とはいえ、実際に補助金申請を行うには、申請書類の準備がかなり大変です。しかも、審査を通過して採択されるのもそう簡単ではありません。
　そこで、金融機関としては手当たり次第にアプローチするというよりも、補助金申請に取り組むのにふさわしい企業や経営者にある程度狙いをつけて支援対象先とすることが効率的です。

(2) 補助金向きの経営者とは

　補助金は多くの経営者が興味をもつとはいえ、採択されない可能性もあ

るうえに、手間がかかる申請書類の作成にはかなりのエネルギーが必要です。

補助金の趣旨からしても、従来と一線を画した新しい事業に果敢にチャレンジする、バイタリティある経営者が補助金向きといえます。補助金申請のための事業計画に経営者の熱い想いが示されていれば、採択される確率もあがるということもいえるでしょう。

補助金申請にあたっても、そのような経営者であれば金融機関としても支援のしがいもあるというものです。

【補助金活用支援にふさわしい経営者】
・チャレンジ精神が旺盛でバイタリティがある
・従来から事業拡大や収益向上に前向きに取り組んでいる
・補助金ありきではなく、新しい事業への事業意欲がある
・顧客への価値提供を重視し、社会貢献の意識をもっている

● 図表2-1　補助金向きの経営者と事業 ●

新規性・革新性

潜在需要掘り起こし

社会的課題解決

地域課題解決

（3）補助金向きの事業とは

　補助金申請は、補助金ごとに決められた要件をみたした事業者の行う対象事業でないとできません。その補助金にマッチした事業でかつ審査において評価を得られる可能性のある事業について行うことが望まれます。

　具体的に対象となる事業は個々の補助金によって異なります。ただし、新たな事業にチャレンジする企業を公的資金で応援するという補助金の狙いからすると、独自性や新規性のある事業を行う企業が補助金向きであり、採択もされやすいといえます。

　要は、単に既存事業の延長ではない新しい視点をもった事業であることが必要ということです。

> 【補助金活用支援にふさわしい事業】
> ・既存事業とは技術や方式で一線を画す新規事業
> ・今までにない新しい視点にもとづいた事業
> ・顧客の潜在的ニーズを掘り起こす新しい事業
> ・何らかの社会的課題、地域課題を解決する事業
> ・自社の事業経験などからして実現可能性のある事業

（4）提案アプローチのタイミング

　補助金申請へのチャレンジを提案する場合、対象先の対象事業と補助金の募集時期や事業期間とタイミングが合わない場合もあるでしょう。

　しかし、次回公募での応募を前提に、事業計画を十分ブラッシュアップするなど準備に時間をかけることも必要です。その点で補助金の活用支援は対象候補先に対して、ある程度長期にわたって継続的にアプローチを行い、公募のタイミングをみて、最終的に応募を勧めることが現実的です。

02 経営者の理解

(1) 経営理念・ビジョンへの共感

　金融機関が補助金活用支援を行うにあたって、まず基本的なこととして対象事業者、特に経営者の経営理念やビジョンなど、経営者の想いの理解が大切です。

　何の目的でどのような想いで事業を行っているのか、経営者への共感があれば、金融機関の担当者としても一体になって取り組むことができるでしょう。

　そうすれば、採択結果にかかわらず、その後の事業の支援にも繋がる可能性が高くなります。

(2) 対象事業の動機と経緯

　補助金の対象事業について、経営者の動機やそのきっかけをよく聴いてみることも大切です。その後の申請支援において、事業計画作成の際に事業の動機やきっかけを記載することもアドバイスとして重要です。

　補助金の対象となる事業は、これまでにない新規性や独自性が求められます。顧客の困りごとの解決など潜在ニーズに気づいたきっかけや、具体的な顧客の要望をもとにした事業であれば、審査においても評価されやすくなります。

(3) 経営者の想いと補助金の位置づけ

　補助金をきっかけとして新たな事業にチャレンジしようとすることもあるでしょう。補助金獲得を前提に新規事業を始めようというケースです。

　そのようなケースも必ずしも否定はできません。とはいえ、仮に補助金がもらえなくても対象事業は実行するという強い想いがあるほうが最終的

には事業の成功率は高いのではないでしょうか。

補助金活用の最終的な目的は、補助金獲得自体ではなく、新しい事業の成功による成長発展です。経営者の強い想いが、新しい事業の成功要因として不可欠です。

03 対象事業の理解

（1）対象事業の特色と実現性

経営者の想いを実現させるために、補助金の採択へ向けて支援を行います。繰り返しますが、補助金の趣旨からして、事業の特色、つまり独創性や新規性が評価されます。リスクはあるが独自性のある新しい事業へのチャレンジを応援するために公的資金を交付するのが補助金だからです。

また、補助金の対象事業が少なくともスタートするところまでいかなければ補助金は無駄になってしまいます。そこで、事業の実現性も重要となります。対象事業の実現性をある程度理解することが第一歩です。具体的には、事業計画の具体性がどの程度あるのかということがポイントになります。

（2）経営者の資質と実施体制

補助金の対象事業が実現できるかどうかは、いうまでもなく経営者にかかっています。その事業が実現できる資質があるのか、つまり、技術・ノウハウや人材が確保されているのか、事業パートナーも含めて実施体制がつくれるのかという点です。

それまでの事業から得られた技術・ノウハウが応用できる場合や経営者を中心に対象事業を担う人材が社内にいるのであれば、補助金の審査でも評価されます。支援の対象先としてもふさわしいといえます。

(3) 市場・顧客ニーズの存在

　また、補助金の対象事業が実現できたとしても、収益性が十分でなければ継続できません。具体的には事業計画上の売上高や利益を確保できる市場や顧客のニーズがありそうかどうかということです。

　その点についてある程度理解できるようであれば、補助金活用支援も提案できるでしょう。逆に、新規性が大いに認められるユニークな事業だとしても、ニーズが不確かであれば事業の継続性の点では不安があり、審査上マイナスとなります。

図表2-2　経営者と対象事業の理解

第2節 補助金の選び方

実際に応募申請する補助金を選ぶには、まず事業者の現状や対象事業の状況を把握します。そのうえで、対象要件や公募スケジュール、対象事業期間などの点でマッチした補助金を選びます。
また、合わせて補助率や限度額、対象経費の内容なども公募要領で確認のうえ、最終的に申請する補助金を決めるとよいでしょう。

01 補助金選びの流れ

(1) 対象事業者の現状把握

補助金を選ぶにあたって、まず対象事業者の業歴や業種、事業所所在地、組織形態、事業内容、財務状況などの現状把握が前提になります。
補助金によって対象事業者の要件が決まっており、中小企業者に該当するかどうかや、法人の組織形態についても制限があります。また、事業所所在地（必ずしも本社所在地とは限らない）や業歴年数などにも制限がある場合があります。
業績や財務状況が芳しくないケースでは、審査において不利になったり、採択されても自己資金不足で事業に着手できなかったりすることもあり得ますので、注意が必要です。

(2) 補助金対象事業の進捗状況

　アイデアだけの段階でも具体的な事業計画が締切までに作成できるならば補助金申請は可能です。とはいえ、ある程度準備を進めつつある段階の事業の方が、実現性が高いはずです。対象事業の具体的な製品・サービスの開発や顧客候補などの見込みが立てやすいといえます。

　ただし、事業がかなり進んでいる場合など、交付決定の前に支出した経費は補助金対象外となりますので注意しましょう。

02 対象先の要件確認

(1) 対象事業者の要件確認

　特定の補助金への応募にあたって、その補助金の要件に合った事業者かどうかを最初に確認します。

　事業歴1年以上が要件など、新規創業者は対象外の場合があります。また、個人事業主を含む中小企業者であることが基本です。NPO法人など非営利法人は原則は対象外ですが、例外的に対象となる場合があります。

　創業支援に関する補助金の場合には、たとえば、開業前の創業予定者だけ、初めて事業者となる場合だけ、など対象者の制限に注意が必要です。

(2) 対象事業の要件確認

　補助金はそれぞれ、対象となる事業、つまり、その補助金を使って行う対象事業が定められています。そこで、自社が補助金で行おうとする事業が対象になるかどうかも最初の段階での確認が不可欠です。

　補助金は新たに行う事業を対象とするのが大原則ですので、既存の事業や、既存事業の延長とみなされる事業は原則対象外です。

● **図表2-3　対象事業者の例** ●

> （1）「新たに創業する者」であること。
> 　「新たに創業する者」とは、<u>平成30年4月27日以降に創業する者</u>であって、補助事業期間完了日までに個人開業又は会社（以下、会社法上の株式会社、合同会社、合名会社、合資会社を指す。）・企業組合・協業組合・特定非営利活動法人の設立を行い、その代表となる者。この場合の応募主体は、個人となります。
> （2）「みなし大企業」でないこと。
> （3）応募者が個人の場合、日本国内に居住し、日本国内で事業を興す者であること。応募者が法人の場合、日本国内に本社を置き、日本国内で事業を興す者であること。
> （4）事業実施完了日までに、計画した補助事業の遂行のために新たに従業員を1名以上雇い入れること。
> （5）産業競争力強化法に基づく認定市区町村における創業であること。
> （6）産業競争力強化法に基づく認定市区町村又は認定連携創業支援事業者から同法第2条第25項に基づく認定特定創業支援事業を受ける者であること。

出所：平成30年度地域創造的起業補助金「募集要項」より作成

03　公募スケジュールと事業実施期間

（1）限られた公募期間

　補助金は限られた公募期間の間しか申請できません。それぞれの補助金の公募期間の締切に間に合うことが補助金選びの条件です。
　補正予算が決定される時期である毎年2月下旬から新年度が始まる4～5月頃が補助金公募のピークになります。その後、追加公募などがある場合もおおむね8～9月頃までが補助金公募が多く行われるシーズンです。

（2）定められた事業実施期間

　また、実際に公募締切後2ヵ月前後で採択の発表があり、採択案件はそ

の後の交付決定日以後に初めて事業実施期間となります。そして、対象経費の支出が認められるのは事業実施期間内に限られます。

　補助金によって異なりますが、たとえばものづくり補助金では事業実施期間は大体６ヵ月から１年前後です。この間に対象経費の支出を行い、補助金対象事業を完了させる必要がありますので、タイミングが合う補助金を選ぶことが必要です。

● 図表2-4　補助金の選び方 ●

事業者の現状
- 業種/業歴
- 資本金/従業員数
- 所在地
- 組織形態

○○補助金
- 公募予定時期
- 対象要件
- 対象事業
- 対象経費

対象事業の状況
- 開始予定時期
- 事業内容
- 事業計画
- 必要経費

04　補助金額と対象経費

（1）補助率と補助限度額

　補助率とは、対象経費の最大何割までが補助金として交付されるかという割合です。中小企業向けでは、補助率が２分の１から３分の２が限度の補助金が多くなっています。

また、補助金額の上限額も補助金ごとに異なります。上限額が１億円に近い高額補助金もありますが、採択件数の多い一般的な国の補助金では数十万円から1,000万円前後のものが中心です。

　対象事業の資金計画にマッチする補助金を選ぶ際には補助率、上限額を参考にします。

● 図表2-5　補助金限度額の例 ●

補助金名	類型	補助上限額	補助率
ものづくり・商業・サービス生産性向上促進補助金（平成30年度補正予算）	一般型	1,000万円	1/2 (注2)
	小規模型（小規模事業者）	500万円	2/3
	小規模型（その他）	500万円	1/2 (注2)
小規模事業者持続化補助金（平成29年度補正予算）	原則	50万円	2/3
	例外 (注1)	100万円	2/3

(注１) ①従業員の賃金を引き上げる取組みを行う事業者
　　　②買物弱者対策の取組み
　　　③海外展開の取組み
(注２) 図表4-2の（注）と同じ

（2）主な対象経費

　補助金ごとに使い道として認められる対象経費は異なります。事業資金融資の場合、資金使途は一般に運転資金と設備資金にわけられますが、補助金においてはその区分とは関係なく、かなり細かい費目が示されます。

　具体的には図表2-6のような特定の費目に限られますので、補助金を選ぶ場合も公募要領であらかじめ確認しておきます。

● 図表2-6　対象経費の例（平成30年度地域創造的起業補助金）●

費目	定義
人件費	本補助事業に直接従事する従業員に対する給与、賃金
店舗等借入費	国内の店舗・事務所・駐車場の賃借料・共益費、仲介手数料
設備費	国内の店舗・事務所の開設に伴う外装工事・内装工事費用
原材料費	試供品・サンプル品の製作に係る経費（原材料費）
知的財産権等関連経費	本補助事業と密接に関連し、その実施にあたり必要となる特許権等（実用新案、意匠、商標を含む）の取得に要する弁理士費用（国内弁理士、外国現地代理人の事務手数料）
謝金	本補助事業実施のために必要な謝金として依頼した、専門家等に支払われる経費
旅費	本補助事業の実施にあたり必要となる販路開拓・本補助事業のPRを目的とした国内・海外出張旅費（交通費・宿泊料）の実費
マーケティング調査費	・市場調査費、市場調査に要する郵送料・メール便などの実費 ・調査に必要な派遣・役務等の契約による外部人材の費用
広報費	・販路開拓に係る広告宣伝費、パンフレット印刷費、展示会出展費用（出展料・配送料） ・宣伝に必要な派遣・役務等の契約による外部人材の費用 ・ダイレクトメールの郵送料 ・メール便などの実費 ・販路開拓に係る無料事業説明会開催等の費用 ・広報や宣伝のために購入した見本品や展示品
外注費	事業遂行に必要な業務の一部を第三者に外注（請負）するために支払われる経費
委託費	・事業遂行に必要な業務の一部を第三者に委託（委任）するために支払われる経費（市場調査について調査会社を活用する場合等） ・士業や大学博士・教授等以外の専門家から本補助事業に係るコンサルティングや事業遂行にあたるアドバイスを受ける経費

出所：平成30年度地域創造的起業補助金「募集要項」より作成

第3節
補助金活用支援の流れ

　金融機関が行う補助金活用支援は、単に補助金獲得を手伝うだけが目的ではありません。最終目的はあくまで支援先の事業の成功と成長発展です。
　そのためには、支援全体の流れを念頭に金融機関内外の関係者との連携を図ります。そして、補助金の申請準備から交付までのフォローはもちろん、その後の資金需要への対応など成長支援へつなげることが大切です。

01 補助金活用支援全体の流れ

（1）支援目的と全体の流れ

　金融機関が行う補助金活用支援は、単に補助金獲得を手伝うだけが目的ではありません。補助金だけにとどまらず、前向きな資金需要に対応するなど成長支援を行うことを目指し、最終目的はあくまで事業の成功と成長発展を支援することです。全体としては図表2-7のような流れで進めます。

（2）補助金活用支援の前提

① 補助金の基本の理解

　金融機関として補助金活用支援を行う前提として、まずは補助金につい

● 図表2-7　補助金活用支援全体の流れ ●

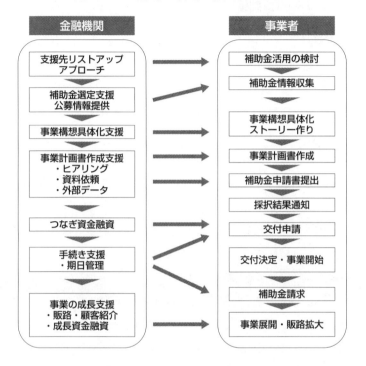

て正しく理解しておくことが必要です。補助金に共通する特色について第1章で説明しました。後払いである点、公募期間が短い点、対象となる事業や対象経費が限定される点、また、審査の基本的ポイントなどを理解しておきましょう。

② 段階別支援策の策定と実施

金融機関として補助金活用支援に取り組むにあたって、具体的にどの段階でどのような支援をするのかをあらかじめ明確にしておくべきでしょう。

補助金の申請は事業者が主体となって行うものですから、金融機関としてはあくまでアドバイザーとしての立場で支援を行うことになります。

（3）関係者との連携体制確認

① 本支店の連携

　金融機関が補助金活用支援を行うには本部と営業店の連携が不可欠です。本部においても支援施策の企画立案を中心に行う企画部署と営業店支援を中心に行う支援部署とわかれる場合も考えられます。

② 認定支援機関としての立場

　ほとんどの金融機関は経営革新等認定支援機関に認定されています。補助金活用支援もその一環として、申請の支援だけでなく補助金対象事業全体の支援を行う立場といえます。

　また、ものづくり補助金などに義務付けられている「確認書」を作成することも認定支援機関の直接的な業務です。

③ 外部機関・専門家への引継ぎ

　金融機関としては事業者が書類を作成するにあたってのアドバイスは可能です。しかしながら、申請書作成、特に事業計画書の作成については、事業者単独で行うには中々難しい場合があります。

　とはいえ、金融機関として補助金申請書の作成代行、あるいは、採択後手続きも含めて請け負うようなことは支援の範囲を超えると考えられます。

　そこで、事業者が希望する場合は信頼できる中小企業診断士や税理士などの専門家を紹介して、それ以降は任せることも必要になります。

02 補助金申請から採択までの支援内容

（1）補助金情報の提供

　事業者向けに補助金活用セミナーなどを開催することも考えられます。実際に特定の補助金公募が開始されてからの開催となると、時間的にタイ

トですが、そのような情報提供も有効な支援策です。

また、補助金の事務局が主催する公式の説明会が公募開始後に開催されることがあります。その情報を案内することも有効です。

いずれにしても、金融機関としては補助金情報を本部においていち早く入手し、営業店では対象先に迅速に案内することが求められます。

(2) 補助金申請の勧めと申請書類作成支援

補助金に対して知識が豊富な経営者は多くはありません。年間のうちわずかな期間しか公募を行っていない補助金は、採択されれば非常に有利なものですが、意外と知られていません。

金融機関としては、取引先の事業者に対して、補助金の正確な情報を提供し、活用を勧めることが第一の支援になります。

さらに、補助金獲得にチャレンジしようという経営者に対して、申請のための事業計画書をはじめとした申請書類作成のアドバイスを行います。

(3) 採択決定後からの手続き支援

① 交付申請および事業実施

公募期間が終了後2ヵ月程度の審査期間を経て、採択結果の通知と発表があります。補助金は採択決定後も実際に受け取るまでには何段階かの手続きがあり、時間もかかります。

採択された事業者にはその後の必要な事務手続きも案内されます。これらの手続きは、事業者自身が行うものですが、金融機関としても、確実に補助金を受取るためにはかなり煩雑な事務手続きが必要となることを知っておくべきでしょう。

② 補助金請求の支援

見積書や領収書など対象経費の証拠書類について特に細かい規定がありますので、事務取扱説明書を熟読してもれがないようにします。

また、事業開始後に計画の一部変更があった場合には、変更届けの提出

を怠ると補助金交付が受けられなくなることもあり得るので注意が必要です。自己判断に頼ることなく、不明点は補助金事務局に確認するようにします。

　以上について、金融機関としては、必要に応じてアドバイスを行います。

③　補助金交付後のフォロー

　補助金が入金されたことを確認できれば、とりあえずの支援は完了です。ただし、補助金採択後も数年間、毎年報告書の提出義務があります。

　また、補助金対象となった設備などの資産は、仮に使用しなくなったとしても勝手に売却や廃棄などの処分をすることはできません。

　金融機関としては交付後も事業者をフォローすることで支援の役割が果たせます。さらには、資金需要に応えるなど、本来の金融機関の役割である事業の成功へ向けた成長支援へつなげることができるでしょう。

第4節

補助金活用支援体制の作り方

　補助金活用支援を行うにあたり、どの段階でどのような支援を行うのか、方針と具体施策をあらかじめ定めておく必要があります。
　また、補助金支援のノウハウや手法を蓄積していくことも考えなければなりません。支援策の実行には本支店間や外部機関との連携体制構築も必要です。旗振り役となる金融機関本部と、支援先との接点となる営業店との役割分担によって有効な支援が可能になります。

01　金融機関としての補助金支援体制

（1）補助金活用支援の方針と施策づくり

① 支援方針の明確化

　金融機関として補助金活用支援を行うにあたり、支援方針、支援目的を明らかにしておくべきでしょう。
　特に認定支援機関である金融機関として、その役割を果たすべきことはいうまでもありません。それだけではなく、新しい事業にチャレンジする前向きな事業者への補助金活用支援を行うことは事業の成長支援を通じて地域活性化に貢献することにも繋がります。

② 資金需要への対応

　補助金申請にあたっての直接的な支援だけではなく、その前後の前向きな資金需要に応えることも大事な役割であり、支援目的でもあります。

　具体的には、つなぎ資金融資をはじめ、補助金の対象事業が軌道に乗った場合の成長資金の支援までを見据えた施策としての位置づけができます。

　そのような方針と目的を金融機関内で共有し、対外的にもアピールすることが、補助金活用支援のための施策推進の力になるでしょう。

(2) 支援に必要な知識・ノウハウの蓄積

① 補助金活用に関する知識・ノウハウ

　金融機関が補助金活用支援を行うにあたり、当然ですが補助金に関する知識が必要です。特に支援策とりまとめや営業店サポートを担う本部においては、専門的知識が欠かせません。また、支援先との接点となる営業店の渉外担当者も一定の基礎知識は必要です。

② 新規事業に対する目利き力

　補助金活用の支援先を選ぶには、経営者や支援先が取り組もうとしている新規事業の可能性に対する一定の目利き力が求められます。

　補助金は申請しても採択の保証はない反面、申請には大きな労力がかかります。そこで、採択されやすい新規性、実現性がある程度評価できる事業をできるだけ選んで支援することが望まれます。

　これは正に事業性評価のノウハウです。逆にいうと、補助金活用支援を通じて、事業性評価融資にもつながるノウハウが蓄積されるともいえるでしょう。

③ 経営者とのコミュニケーション力

　補助金活用支援に限ったことではありませんが、経営者とのコミュニケーション力は重要です。特に補助金活用支援にあたっては、経営者の事業に対する想いや事業についてかなり突っ込んだヒアリングが必要なためです。

また、事業計画書作成へ向けたアドバイスもできなくてはなりません。よい聞き手として経営者のアイデアを引出し、一緒に具体化を考えることも大事です。そのためには関連知識と一定の経験も必要になります。

④ 事業計画書作成に関する知識・ノウハウ

補助金の申請書類のうち最も労力が必要で、審査でも差がつく事業計画書の作成に関して、ある程度の知識・ノウハウがあるとよいでしょう。事業計画書の内容としてどのような項目が必要で、何をどのように書けばよいかアドバイスできるには、マーケティング面や財務面など事業や経営についての幅広い知識が必要です。

特に販売経路や販売促進策などを含む計画や具体的な損益計画の作成は不得意な経営者も多いものです。金融機関の直接的支援としては限界があ

● 図表2-8　支援に必要な知識・ノウハウの蓄積 ●

るとはいえ、少しでもアドバイスできるとよいでしょう。

(3) 本部と営業店の連携体制構築

① 本部における支援部署

金融機関においては営業店が取引先や新規先の直接の窓口として事業者との取引推進にあたっています。ただし、補助金の活用支援は日常的な渉外業務の知識とは別に、ある程度専門的な知識が必要です。

したがって、特定の補助金の申請書作成の段階でのアドバイスなどにあたっては、本部の支援部署が営業店をサポートする体制が望ましいでしょう。

② 営業店での支援体制

　営業店は支援対象事業者を自店の取引先や新規先の中から選定します。日常的な渉外活動の中で広く声かけをするなど、その中から補助金にふさわしい対象先を見つけ出すことは営業店の役割です。

　その後は必要に応じて本部の支援を仰ぎ、あるいは、本部の支援部署に引き継いで専門的対応を求めることが有効です。

(4) 外部機関との関係構築

① 中小企業支援機関

　金融機関と同様に多くの中小企業支援機関等が認定支援機関として補助金に関する支援を行っています。都道府県や市区町村など行政の中小企業支援窓口、商工会議所や商工会、中小企業団体など各地域の商工団体と連携することも、地域金融機関の補助金活用支援にあたっては有効です。

　これらの支援機関とは補助金情報の収集や事業者への支援などで連携が可能です。補助金活用を検討する事業者に対して無料相談や専門家派遣も行っています。必要に応じて事業者の同意をもとに情報交換や取引先紹介などさまざまな連携が可能です。日頃から関係構築を図っておくことが、支援ノウハウの蓄積にとっても望まれます。

② 士業など外部専門家

　税理士、中小企業診断士などの外部の専門家との連携も必要となるでしょう。新しい事業アイデアがあり、チャレンジ精神旺盛な経営者でも、補助金の申請書類作成となると時間的余裕も少なく、自力で多くの申請書類作成をこなすのは非常に大変です。まして、審査で評価される事業計画書を短期間でまとめることは、金融機関がアドバイスを行うとしても限界があります。

　そこで、必要に応じて信頼できる外部専門家を紹介し、引き継ぐことも金融機関としての支援の一環として行ってもよいでしょう。

　紹介する外部専門家としては、補助金獲得だけでなく、事業者の事業の

成功、成長発展に向け、親身になって行うアドバイスなど事業そのものに対して支援するスタンスと実績のある士業などのコンサルタントがふさわしいでしょう。金融機関としては日頃から信頼できる外部専門家を見極め、関係を築いておくべきでしょう。

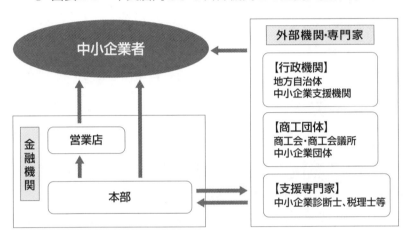

図表2-9　本支店間および外部機関との連携支援体制

02　金融機関本部の役割

（1）補助金情報の収集

　補助金情報を収集し、それを集約するのは主に金融機関本部の役割です。特にものづくり補助金など主要な補助金について、公募時期の情報は重要です。公募開始前から事前に把握することは困難ですが、中小企業対策予算の成立状況などから、あらかじめ予測して準備することも必要でしょう。
　情報収集は、具体的には外部の中小企業支援機関や商工団体などとのパイプも活用して行います。

(2) 支援策のとりまとめ

 補助金の活用支援策を策定し、具体的施策として実施する旗振り役が金融機関本部の企画部署の役割です。支援部署とも協働、連携して、金融機関全体として推進する施策の取りまとめを行います。
 具体的には、ものづくり補助金など代表的な補助金をターゲットとして行う公募期間中のキャンペーン方式の施策が有効です。
 また、公募期間だけでなく、採択発表から事業実施期間、さらに補助金の請求後にも渡るスケジュールにもとづき、段階に応じて採択された事業者をフォローする支援策も考えられます。

(3) 営業店への支援体制整備

 補助金活用支援にあたっては、本部と営業店との連携が欠かせません。特に顧客の窓口となる営業店に対しての支援体制が大事です。
 具体的には、営業店の依頼に応じて対象先へ同行訪問を行ったり、営業店からの質問・問合せに回答するなどの体制作りです。
 営業店や顧客向けの説明会の開催、補助金活用支援マニュアルの作成なども有効です。

(4) 外部機関・専門家との窓口

 また、士業や補助金申請が得意なコンサルタント、補助金公募の窓口となる商工団体など、外部機関との窓口は本部の企画部署、支援部署などが担当します。外部の専門家との協働、情報交換を通じて、金融機関としても支援ノウハウを吸収できるメリットがあります。

03 営業店における役割

（1）支援対象先の選定

　営業店においては、まず、補助金活用支援の対象先候補をリストアップすることが第一の役割です。そのためには、自店の取引先や新規先の中から補助金活用支援にふさわしい対象先を見極めることが必要です。この段階では、補助金の対象になりそうな事業者を幅広くリストアップします。

（2）対象先への情報提供

　対象先候補の事業に対して補助金情報の提供を行います。補助金情報に興味をもつ事業者はかなり多いと考えられます。

　その中から、さらに個別の補助金の要件に合致した対象先に絞り込みつつ、具体的に「このような補助金がありますが、応募申請を検討してみてはいかがでしょう」ともちかけます。

（3）対象先への申請支援の窓口

　補助金活用支援を行う対象先の窓口としての役割を担います。初歩的な質問への対応やアドバイスを直接行うと同時に、より専門的な対応が必要な事業者に対しては本部の支援部署と連携して行います。同行訪問や外部専門家の紹介、地域の中小企業支援機関窓口の紹介などが考えられます。

　補助金の公募期間は短いため、自店取引先への対応窓口として迅速に連絡・対応することがポイントです。

　営業店の中で補助金担当者を任命して、支援先へのアプローチなど支援実施のとりまとめを行うのもよいでしょう。

（4）採択先へのフォロー体制

　補助金に採択された後のフォローも必要です。営業店が日頃からの取引先訪問によって、採択された後も引き続きフォローアップを行う体制を整えておきます。

　補助金に採択されたとしても、その後実際に交付を受けるまでには多くの書類を準備するなど煩雑な手続きが必要です。本部と連携して、確実に交付されるように要所でフォローします。

　また、補助金支援の最終目的である事業の成功へ向けて、つなぎ資金融資やその後の資金需要への対応などの成長支援も営業店の重要な役割です。

● 図表2-10　金融機関における本支店連携・役割分担の例 ●

	本部		営業店
	企画部署	支援部署	
補助金活用支援策の策定	○		
補助金活用支援マニュアル作成	○		
公募情報収集	○		
補助金情報収集とりまとめ	○		
補助金キャンペーン企画	○	○	
補助金説明会	○	○	○
支援対象先基準制定	○		
支援対象先リストアップ			○
支援対象先アプローチ			○
事業者支援窓口			○
事業計画書作成アドバイス		○	○
認定支援機関業務取次ぎ			○
認定支援機関業務実施		○	○
採択後手続きフォロー		○	○
事業展開・成長支援		○	○
つなぎ資金融資			○
成長資金融資			○
外部機関・専門家との関係構築	○	○	
外部機関・専門家の紹介		○	○
販路開拓支援		○	○
顧客紹介		○	○

第3章
申請書作成段階で必要な知識

- 第1節　経営者へのヒアリングの仕方
- 第2節　ストーリー作りのポイント
- 第3節　事業計画書等の作成
- 第4節　スケジュール管理とフォローアップ

第1節

経営者へのヒアリングの仕方

　補助金申請の準備段階では、対象事業の計画を具体化するためにまず支援先の経営者に事前に資料を依頼したうえでヒアリングを行います。
　ヒアリングは、対象事業について様々な角度から確認し、経営者の考えを引き出したり、一緒に考えたりしながら進めていきます。金融機関としては、市場環境などの外部データ収集にも協力できるでしょう。

01 ヒアリングの心構えと準備

（1）ヒアリングの心構え

　補助金申請支援を行う場合、実際に申請書を作成する段階では、補助金の対象事業の新規性や独自性、実現性をできるだけ具体的に事業計画書に落とし込むことがポイントです。
　現実的に、金融機関が補助金申請書の作成を請け負うケースは考えにくいと思われます。とはいえ、実際に申請書を作成する立場での留意点を知っておくことで、事業者自身が作成する際や外部専門家を紹介する際にも的確なアドバイスが可能になります。

(2) 事前の準備

① 対象先および対象事業についての確認

補助金の対象事業は既存事業ではなく、これから着手する新規事業である場合が多いです。ただし、対象事業となる新規事業のきっかけ、経緯や新規事業に生かせる既存事業の技術、ノウハウ、その他経営資源について整理しておくことも必要です。

既存取引先であっても、この機会に取引先要項だけでなく、改めてホームページなども確認しておきます。効率的なヒアリングのためには事前準備が大切です。会社概要や強みは何かなど既存事業の内容については補助金の申請書類作成にも必要な情報です。

● 図表3-1 ヒアリング項目の例 ●

項目	ヒアリング内容
経営者	・職歴、業務経験、得意分野 ・信条、経営理念、ビジョン ・事業への想い
既存事業の概要	・事業の特色、強み・弱み、差別化要素 ・経営資源、技術的背景、保有ノウハウ ・事業の課題と対応策
対象事業の背景・特色	・構想のきっかけ、経緯・背景 ・対象事業の位置づけ・目的 ・製品・サービスとしての革新性、優位性
対象事業の実施体制	・実施責任者、担当部署・担当者、人員 ・パートナー企業（技術、販売、仕入、外注、その他）
対象事業の事業化面	・既存事業との違い（技術・方式・顧客等） ・対象市場と顧客ニーズ、顧客ターゲット ・価格、販売経路、販売促進、広告宣伝、営業方法
対象事業の計数面	・初期投資内容・金額（設備投資、その他） ・想定単価、顧客数、販売数量 ・原材料仕入単価・数量、その他費用

② ヒアリング項目の整理

補助金の対象となる事業がまだ経営者のアイデアレベルの場合、補助金に採択されるには、さらに計画を具体化しブラッシュアップが必要な場合が多いでしょう。そこで、ヒアリングを進めながら、どの部分の具体化が不足しているのかを明らかにしていき、事業計画書に落とし込めるようにしなければなりません。

(3) 申請書類提出までの流れ

補助金の申請書類を公募期間に間に合うように提出するためには、まずいつまでに何を用意すべきかについて明確にします。

そのうち特に時間がかかり、内容次第で審査結果が左右される事業計画書の作成には、少なくとも数週間はかかると考えておいた方がよいでしょう。そして、事業者が作成する申請書類だけでなく、認定支援機関の確認書が必要な場合があり、そのための日数も必要です。

応募申請書類提出までの全体の流れを理解し、時間切れで間に合わなくならないようにすることが大切です。

(4) 申請書類提出期限までのスケジュール確認

認定支援機関の確認書の入手が必要な補助金の場合、書類の入手のために少なくとも数日は必要です。必要部数のコピーや書類のファイリングなど送付書類の準備にも意外と時間がかかります。

そのため、事業計画書などの書類作成は締切1週間前までをめどに余裕をもって完了するようにします。

02 ヒアリング内容

(1) 経営者自身について

　経営者自身の経歴や事業にかける想いは、補助金の申請にあたっても重要です。新しい事業への意気込みやそれまでの経験が事業の成否に影響しますので、審査ではその点も注目します。

　なぜ、この対象事業にチャレンジするのか、どうして実現できるのか、など経営者の想いの強さや力量にかかっているともいえるからです。ヒアリングを通じて、その点を理解し、申請書類へ反映できるようにします。

● 図表3-2　経営者・対象事業に対する質問例 ●

- この事業を実現するための最大の課題は何ですか？
- この事業を通じて何を成し遂げたいですか？
- この事業は何のために（どのような目的で）行うものですか？
- この事業を始めようと思いついたきっかけは何ですか？
- この事業は貴社にとってどのような位置づけですか？
- この事業はどのような点で既存事業と違いますか？
- この事業は競合製品・サービスとどのように差別化できますか？
- この事業は顧客にどのような価値を提供するものですか？
- この事業を最も必要としているのはどのような顧客ですか？
- この事業の最大の顧客ターゲットはどこに定めますか？
- この事業の競合する製品・サービスは何ですか？
- この事業に活かせる既存事業の経験や経営資源は何ですか？
- この事業を実現するための体制はどのように構築しますか？
- この事業を実現する上でのリスクは何ですか？
- この事業によって社会や地域に貢献できることは何ですか？

（2）対象事業について

　対象事業についてのヒアリングは、そう簡単ではありません。ヒアリングの範囲が広いうえ、経営者がどの程度具体的に考えているかによっては、すぐに答えが返ってこないことも多いためです。

　そこで、ヒアリングにあたっては、あらかじめ質問項目や資料などを事前に渡しておくなどの工夫が必要になります。

　また、ヒアリングを通じて、経営者の考えを引き出したり、整理したりしながら一緒に考えていく姿勢が求められます。

03 基礎資料の準備、提出依頼

（1）資料依頼の仕方

　事業計画書を作成するにあたって、すべてヒアリングをもとにして行うことは大変です。経営者自身が資料やメモとして用意できるものは、なるべくヒアリングの前に提出してもらうようにします。

　あらかじめ用意した必要資料リストを渡します。その際に、記入しやすいような事業計画書の目次を記入した書式や一問一答形式の質問票なども用意して、箇条書きで記入してもらっておくとよいでしょう。

【資料依頼の際に用意しておく書類の例】
・必要資料リスト（会社概要、決算資料、補助対象事業の資料など）
・事業計画書記入様式（目次、項目案含む）
・経営者、事業についての質問票

図表3-3　補助事業計画書の様式例（持続化補助金のケース）

【平成29年度補正・日本商工会議所提出用】

（様式３－１：単独１事業者による申請の場合）

補助事業計画書

名　称：

Ⅰ．補助事業の内容

1．補助事業で行う事業名【必須記入】（30文字以内で記入すること）
2．販路開拓等の取組内容【必須記入】（販路開拓等の取り組み内容を記入すること）
3．業務効率化（生産性向上）の取組内容【任意記入】 ＊公募要領P.52に該当する取り組みを行う場合は本欄に記入します。特になければ本欄は空欄のままご提出ください。
4．補助事業の効果【必須記入】

※採択時に、「事業者名称」および「補助事業で行う事業名」等が一般公表されます。

※欄が足りない場合は適宜、行数・ページ数を追加できます。

Ⅱ．経費明細表【必須記入】

（単位：円）

経費区分	内容・必要理由	経費内訳（単価×回数）	補助対象経費（税抜・税込）
（1）補助対象経費合計			
（2）補助金交付申請額　（1）×補助率2/3以内（円未満切捨て）			

※経費区分には、「①機械装置等費」から「⑪委託費」までの各費目を記入してください。

※補助対象経費の消費税（税抜・税込）区分については、公募要領P.67参照のこと。

※（2）の上限は５０万円。ただし、「従業員の賃金を引き上げる取組を行う事業者」、「買物弱者対策の取組」、「海外展開の取組」のいずれかの場合は、上限１００万円。

※以下に該当する場合には、いずれか１つの□に☑（チェック）を入れてください

注）以下の１．～３．は、複数の選択はできません（いずれか一つ）。

□　１．従業員の賃金を引き上げる取組を行う事業者（申請時に「様式７」および必要書類の提出が、また、「事業者内最低賃金引き上げ確認期間」終了後に「賃金引き上げ状況報告書」および必要書類の提出が必須です。条件の詳細は公募要領P.67参照。）

□　２．買物弱者対策の取組を行う事業者（申請時に「様式８」および「様式９」の添付が必須です。条件の詳細は公募要領P.71参照。）

□　３．海外展開の取組を行う事業者（「１．補助事業の内容」の「２．販路開拓等の取組内容」に「海外展示会出展等事業」の具体的な計画内容の記載が、また、「Ⅱ．経費明細表」に「海外展示会出展等事業」にかかる経費計上が必要です。条件の詳細は公募要領P.72参照。）

Ⅲ．資金調達方法【必須記入】

＜補助対象経費の調達一覧＞

区分	金額（円）	資金調達先
1．自己資金		
2．持続化補助金（※1）		
3．金融機関からの借入金		
4．その他		
5．合計額（※2）		

＜「2．補助金」相当額の手当方法＞（※3）

区分	金額（円）	資金調達先
2-1．自己資金		
2-2．金融機関からの借入金		
2-3．その他		

※1　補助金額は、Ⅱ．経費明細表（2）補助金交付申請額と一致させること。

※2　合計額は、Ⅱ．経費明細表（1）補助対象経費合計と一致させること。

※3　補助事業が終了してからの精算となりますので、その間の資金の調達方法について、ご記入ください。

（Ⅰ．からⅢ．の各項目について記載内容が多い場合は、適宜、行数・ページ数を追加できます。）

出所：平成29年度補正予算小規模事業者持続化補助金「公募要領」

（2）計数資料の依頼

資金計画や損益計画を作成するのに、その前提となる数字についてもなるべく資料として用意してもらい、それをもとにヒアリングを行います。

その際、補助対象事業にかかる費用は既存事業とは区別しておく必要があります。経営者が事前に十分用意できない場合は、数字の部分についてもヒアリングの中で確認することになります。

【依頼する計数関係資料の例】
・既存事業の決算書および試算表、月次損益の推移
・対象事業の事業期間内の費用(設備投資額、その他費用明細)
・対象事業の事業化後の費用(原価、人件費、減価償却費他)
・対象事業の製品・サービスの価格・料金単価(案)
・対象事業の製品・サービスの売上計画(月間数量、顧客数など)

(3) その他の資料

① 技術・機能・性能に関する資料

製造業などの場合、製品・サービスに関する技術的な背景を示す性能試験データ、技術に関する実験結果、特許明細などの技術的な背景を客観的に示すデータや資料があれば、事業計画書の材料として依頼します。

② 顧客ターゲット・候補リスト

すでに顧客から引合いがある場合やこれからアプローチする場合にも、候補先としての顧客がリストアップされていれば、受注・販売面で事業計

● 図表3-4 顧客候補リストの例(「新事業に興味をもっていただいた方」) ●

職種等	所属	役職等	氏名
建築内装業	㈱○○	代表取締役	○○様
	㈱□□	国際デザイン事業部	○○様
	㈱○○デザイン	環境事業部	○○様
デザイナー・建築家	□□デザイン事務所	代表	○○様
	㈱××建築設計事務所	代表取締役・一級建築士	○○様
	㈲××建築デザイン	建築家	○○様
	㈱○○デザインラボ	工業デザイナー	○○様
	㈱○○スタジオ	代表／工業デザイナー	○○様
		空間デザイナー	○○様
	㈱○○建設計事務所	代表／建築家	○○様
	××建築都市研究所㈲	代表取締役	○○様

画書の実現性評価のうえで有利です。あるいは既存事業の顧客がターゲットになる場合は、顧客名簿が何名分あるのかだけでもよいでしょう。

③　価格・料金表等

対象事業の製品価格やサービス料金の表を用意してもらいます。この時点では仮の数字でも構いません。損益計画を作成する際にその根拠として必要になります。

④　必要経費一覧

対象事業にかかる費用をリストアップします。この段階では、補助金の対象となるかどうか区別せずにもれなく計上するようにします。

たとえば、外注費や材料費などはどのくらいかかりそうか必要に応じて調べてもらう必要があります。

補助金対象事業の損益計画、資金計画といった事業計画書のうちの数値計画の作成にも必要です。補助金申請の際には、補助対象経費だけが申請の対象になります。

最終的には初期投資とランニングコストにわけ、そのうち補助対象経費とそれ以外をわけておくことがポイントです。

04　外部データの収集

(1) 外部データ収集と提供

外部データの収集は、不得意な経営者も多いので、金融機関としては積極的に協力できる分野です。

統計情報をはじめ、対象市場など補助金対象事業に関係する資料をリサーチし、提供するとよいでしょう。

(2) 市場環境についての統計データ

対象事業にどのくらいの市場規模が想定されるのか、市場は伸びが期待

されるのかなどの市場環境について、できるだけ統計資料などのデータを集めましょう。

ただし、特に新規性の高い事業については、既存の統計資料では当てはまる資料がみつからないかもしれません。

とはいえ、政府などの統計データから市場規模を推定できれば、事業計画書の客観性、説得力が高まります。できるだけ、対象事業に近い製品やサービスの市場に関する統計データを探します。その際には下記のようなWEBサイトを参照するとよいでしょう。

● 図表3-5　統計データサイトの例 ●

WEBサイト名（運営者）／URL	概要
e-Stat（総務省統計局） https://www.e-stat.go.jp/stat-search/database?page=1	政府統計の総合窓口、政府の各府省等による統計
㈱マクロミル https://www.macromill.com/contact/ja/reports.php	マクロミルで実施した自主調査レポート、分析レポート
調査のチカラ（IT media Inc.） http://chosa.itmedia.co.jp/	公表された各種民間調査結果
経済産業省「統計」 http://www.meti.go.jp/statistics/index.html	経済産業省の公表統計
生活定点1992-2018（博報堂生活総合研究所） https://seikatsusoken.jp/teiten/	定点調査による26年分の生活者観測データ
地図で見る統計「j STAT MAP」（総務省統計局） https://jstatmap.e-stat.go.jp/	地図と統計データの連動による商圏分析が可能

（3）顧客ニーズについての情報

対象事業の市場についてのデータは、おおまかな全体像を示すためのものです。それに対して、顧客ニーズについての情報とは対象事業の製品やサービスに対して想定される顧客やユーザーにとって具体的にどの程度、どのようなニーズがありそうか、という視点でみた情報です。

対象事業の製品やサービスに対して、ニーズがあるということをできるだけ客観的に把握できれば事業化についての実現性が期待できます。

具体的には、できればアンケートやインタビューをした結果をまとめます。既存顧客や身近な友人、知人などに協力してもらえば比較的簡単にできるでしょう。質問内容は、たとえばそのような製品・サービスを利用してみたいと思うか、どの程度の価格・料金なら受け入れられそうかなどです。

また、既存の取引先から「こんなことはできないか」「こんな製品はないか」といわれたことをヒントにした新しい事業の場合には、ニーズの具体的な証拠として説得力のある材料となるでしょう。

● 図表3-6　アンケート調査質問項目の例 ●

- このような製品（サービス）があれば、使ってみたいと思いますか？
- いくらくらいの価格（料金）なら、購入（契約）したいと思いますか？
- このような製品（サービス）を友人や知人に勧めたいと思いますか？
- このような製品（サービス）に最も期待することは何ですか？
  （機能の豊富さ、価格の安さ、使い勝手の良さ、デザインの良さ、他）
- このような製品（サービス）を購入する際に最も心配することは何ですか？
  （トラブルはないか、使いこなせるか、解約・返金はすぐできるか、他）
- 普段〇〇に関して困っていること、不便なことはどのようなことですか？
- 〇〇に関して、どのような製品（サービス）があったらよいと思いますか？

第2節
ストーリー作りのポイント

　経営者の新しい事業へのアイデアを事業計画書として具体化していく手順として「ストーリー作り」が有効です。経営者の想いから対象事業の動機・きっかけをはじめとして、事業の独自性や優位性、ビジネスモデル構築、マーケティング視点も加えていきます。事業計画書につなげるため、ストーリーを描くように事業構想の具体化を進めていくことがポイントです。

01 対象事業の目的と経緯

(1) ストーリー作りとは

　補助金対象事業の事業構想をまとめるには、「ストーリー作り」が有効です。ストーリーを組み立てることで、事業の目的や背景が明確になります。

　また、ストーリーの登場人物である経営者自身、顧客、パートナー企業などを具体的に設定していくことで、事業のイメージが具体化されます。

　補助金の申請書類において、内容審査上、評価の差がつくのが事業計画書です。審査員が読んで理解し、共感を得られれば評価も高くなります。そのコツの1つが「ストーリー作り」です。

　ストーリーを語ることで、読み手（補助金の審査員）の対象事業につい

ての理解が進み、さらに共感をもってもらいやすくなるのです。

ストーリー作りとは何も審査のためだけに作文を書くことではありません。対象事業の動機やきっかけから始めて、なぜその事業が世の中に必要なのか、どうして自分（経営者）がその事業を実現できるのかをまとめていきます。

そして、事業が顧客に支持され、社会にも貢献し、その結果、将来的にどのように拡大していくのか、といったストーリーの流れが、事業計画書の読み手にも伝わりやすいといえます。

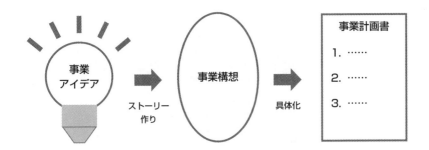

図表3-7　ストーリー作りを通じて事業構想の具体化へ

（2）対象事業の動機・きっかけと目的

まず、なぜその対象事業を思いついたのか、始めようと考えたのか、という動機やきっかけがあるはずです。この点がストーリーの始まりになりますので、ヒアリングをもとに整理しておきます。

そして、事業には必ず目的があります。困っている顧客の潜在的ニーズに応えるため、価格競争が激しい既存事業の限界から脱するためといったように目的が明確であれば、対象事業へ取り組む経営者の意欲に共感を得られやすくなります。

また、対象事業が既存事業の技術やノウハウを応用するもの、既存事業

との相乗効果が期待できるものであるなど既存事業との関連が説明できると、補助金審査においてもさらに理解されやすいでしょう。

　新規創業の場合、成功する確率の高い事業は、経営者が「やりたいこと」（経営理念・ビジョン・目的）、「できること」（経験・技術ノウハウ）、そして、「儲かること」（市場・顧客ニーズ）の３つが重なった事業といわれます。補助金対象の事業でも同じことがいえるでしょう。

● 図表3-8　「やりたい」「できる」「儲かる（ニーズがある）」事業 ●

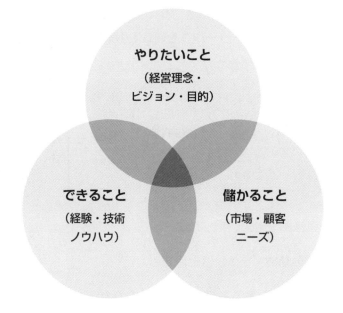

（3）対象事業に生かせる経験と既存事業の強み

　経営者の経験や既存事業の強みは、補助金の対象事業に生かせるはずです。その点がストーリーに組み込まれていれば、対象事業の実現性も評価されるでしょう。

　ストーリーの主人公となるのは、まずは経営者です。経営者の想いに加

えて職歴や既存事業の経験がこれから行う補助金対象事業にどのように生かせるのかということについて整理します。

【対象事業のきっかけ・動機の例】
・既存事業の技術を応用した製品の開発（用途開発・機能拡大・性能向上）
・既存顧客のニーズ・要望に応える事業や製品開発
　（このような製品・サービスはないか、このようなことで困っている）
・既存事業と同じ顧客ターゲットへの売上拡大
　（既存事業の強みである顧客基盤を活かした新規事業で成長をはかる）
・地域課題の解決に貢献する新規事業で地元密着を進めたい

02 対象事業の特色とビジネスモデル

（1）製品・サービスの独自性追求

① 独自の技術的背景

　製造業向けなどの補助金では、新しい設備の導入や技術開発によって、最終的に独自性の高い製品開発をめざす事業等が対象になります。

　その場合は、どのような技術的背景があるのか、できるだけ客観的に説明できるとよいでしょう。たとえば、既存の事業や製品のどの部分に用いられている技術の応用であるとか、どのような既存特許の原理を用いているのかなどといったことです。

② 新規性と独創性、革新性

　対象事業で用いたり、新たに開発したりする技術が、これまでの一般的な技術とは異なる点の説明が必要です。つまり、補助金の対象としてふさわしい技術の独創性、新規性、革新性が確かに認められるということを説明できることが求められます。

● 図表3-9　技術的背景の説明 ●

```
技術分野 → ・基礎技術
          ・応用技術          革新性
                             独創性
知的所有権 → ・特許権
            ・ノウハウ
```

③　差別化要素

　また、その独自の新しい技術や製品がどのような価値を提供するものなのか、という視点が大事です。他の既存事業や他社の類似する事業とは異なり、どこに独自の差別化要素があるのかということです。

　高品質なものなのか、低コスト化が可能なのか、時間短縮が可能なのか、などについてできるだけ客観的に説明できるとよいでしょう。

(2) ビジネスモデルの構築

①　収益と費用も含めた事業の仕組み

　対象事業の製品やサービスそのものだけではなく、仕入・購買から外注などの調達、そして、販売経路から代金回収までを含めた、事業の流れに沿った全体の仕組みがビジネスモデルです。

②　パートナー企業

　ビジネスモデルの中には、自社だけではなく、技術面や販売面、仕入・外注先などのパートナー企業、取引先などの関係者も含みます。実際に補助金の対象事業を始めるには、外部の力を借りる必要もあるでしょう。

　どのような面でどのような企業との協力関係で行う事業なのか、パートナー企業のそれぞれの分野での強みが事業の成功にも必要です。

03 対象事業のマーケティング視点

(1) 市場や顧客にスポットをあてる

① 対象事業へのニーズ

　対象事業の構想を練る際に、補助金の種類によっては開発そのものが対象になる場合もあります。その場合は、まず技術開発や製品開発までの実現性が重視されます。

　とはいえ、最終目的である事業化のためには、その技術や製品を必要とする市場や顧客の存在が必要です。市場の需要、顧客のニーズがある製品やサービスでなければ、事業として継続することは難しくなります。つまり、最終的には十分売れるものであることが必要です。補助金審査ではこの点も重要な審査ポイントとして評価されます。

② 対象事業の顧客ターゲット

　そこで、事業化実現のために製品・サービスは、どのような顧客をターゲットにするものなのかを具体的に考えておかなくてはなりません。

　いくら新しくて独自性のある事業でも顧客やユーザーがいなければ事業としては成り立ちません。誰が買ってくれるのか、どのようなユーザーが考えられるのかということです。この場合もできるだけ具体的に考えてみます。

(2) 販売経路・営業方法を計画する

① 販売経路と営業方法

　対象事業が実現した後にも継続していくためには、新たな製品・サービスの売上があがり、利益が出る事業になることが必要です。補助対象事業の事業期間が終了した後がむしろ本番です。事業の継続発展がなければ、補助金交付の意義も薄くなりますので、審査上でも事業化まで見通せてい

るかが評価されます。

そこで、たとえば代理店を通じて販売するのか、自社直販とするのか、直販はWEBサイトでも行うのかなどの販売経路もできるだけ具体的に計画しておきます。どのような販売経路で顧客にアプローチし、どのように営業活動を行うのか、製品やサービスにマッチした販売経路や営業方法をなるべく具体的に考えます。

② 広告・宣伝活動

また、顧客の開拓や営業を促進するために、広告宣伝や販売促進の方法なども、具体的に考えておくとよいでしょう。

たとえば、チラシや雑誌広告などのうち、どのような媒体で宣伝を行うのか、どのような展示会に出展するのか、などについてです。費用対効果もある程度予測した上で、対象事業の製品・サービスにマッチした方法を計画します。

04 社会貢献と地域貢献の視点

(1) 社会的課題の解決

補助金採択にふさわしい事業は独自性、新規性があり、さらに実現性も高いと評価される事業です。その点に加えて、社会的な課題の解決に貢献する事業であれば、補助金の対象としての評価は高くなります。

そこで、対象事業が提供する製品・サービスで何か社会貢献に役立つ効果がないか考えてみます。そのためには、**図表3-10**のような社会的課題の解決に役立つものであれば、具体的なアピールが可能でしょう。

● 図表3-10　社会的課題の例 ●

- 超高齢社会、少子高齢化対策
- 女性の活躍促進（職場環境整備、子育て支援）
- 買い物弱者対策推進
- 福祉介護分野の人手不足解消
- 環境・エネルギー対策
- 災害対策（防災技術、自然災害予測）
- 生産性向上による人手不足対策
- 働き方改革推進（労度時間短縮、多様な働き方）
- 地域活性化（地域経済振興、地方の活性化）
- 地域資源の活用（農水産物、伝統工芸品、観光資源）
- 外国人観光客増加対策
- 正規雇用の増加、外国人労働者増加対策
- 子供の教育・育児環境整備
- 高齢者雇用の促進、定年延長

（2）地域課題の解決

　また、特定の地域における課題の解決や地域活性化に繋がる要素が認められる事業も補助金の対象として評価が高くなることが考えられます。もともと、地域活性化を目的とした地域課題解決のための地方自治体の補助金もあります。そのような補助金では地域貢献の視点は必須要件です。

　地域に根ざした新しい事業が成功すれば、新たな雇用が生まれます。地域活性化そのものが目的の事業でなくとも、**図表3-11**の例のような視点で何か地域貢献の要素が取り入れられないか考えてみることも大切です。

● 図表3-11　地域貢献の視点の例 ●

- 地場伝統産業の振興と承継
- 地域への外国人観光客誘致
- 地域内での雇用創出
- 地域内への移住促進
- 地域活性化（地域経済振興、地方の活性化）
- 地域資源の活用による地場産業振興
　（農水産物、特産品、伝統工芸品、伝統行事、観光資源）
- 地域の人口減少・過疎化対策
- 農業の6次産業化
- 農林水産業の後継者育成

第3節

事業計画書等の作成

　ストーリー作りを通じて事業構想がまとまったら、いよいよ補助金申請で最も重要な事業計画書の作成です。事業者が作成するにあたり、金融機関としては要所で的確なアドバイスができるようコツをおさえておきます。
　審査で評価される事業計画書作成のためには審査ポイントを踏まえ、必要な項目をもらさず、具体的、客観的に書くことが大切です。そのため、それぞれの項目についての留意点を理解しておきましょう。

01 補助金申請における事業計画書

（1）事業計画書の重要性

　補助金申請書類の中で最も重要で実質的な審査の対象になる部分が事業計画書です。事業者の業歴や業種、対象事業の実施時期などは形式的な対象要件に合致していれば合格です。
　一方、事業計画書は中身の勝負になります。審査員の評価点数によって、採択・不採択が決まります。書類審査での事業計画書の出来不出来で評価されるので、事業計画書の作成は非常に重要です。
　補助金の審査は別としても、これまでやっていなかった新しいことに取

り組む事業ですから、事業の成功へ向けて事業計画書を練ることは大切です。

> 【審査を意識した事業計画書作成のポイント】
> ・補助事業に対する経営者の強い想いが伝わるストーリーがあるか
> ・補助事業に取り組む動機・きっかけ、目的、背景・経緯が明確か
> ・数字や固有名詞を要所で使うなど計画の具体性が十分あるか
> ・第三者の評価や意見、事実などをもとにした客観性があるか
> ・抽象的な表現、あいまいな表現、不明確な記述が多くないか
> ・審査ポイントである革新性、新規性、独創性、実現性、継続性、収益性などの点で評価できる要素が具体的に書かれているか

(2) 事業計画書の書き方の留意点

① 審査ポイントに沿った記述になっているか

　補助金ごとに事業計画書の審査ポイントがあります。ポイントは補助金の種類によって多少異なります。ただし、具体的には、実現性、新規性、独創性などが重要な審査ポイントになる場合が多いといえるでしょう。

　そこで、対象事業の特色として、その要素が十分アピールできるように作成することが大切です。具体的には見出しや文章中のキーワードとして実現性、新規性などを用いるのもよいでしょう。

　もちろん、言葉だけで中身がなければ高評価は得られません。事業計画書を文書化する段階で対象事業自体を練り直したり、付け加えたりする必要もあるかもしれません。

② 計画がどれだけ具体的になっているか

　事業計画書ではすべての項目をできるだけ具体的に記入することで計画の信憑性が高まります。対象事業はこれから取り組む新しい事業です。したがって、未定の部分は多く、わからないことも多いと思います。とはいえ、抽象的な書き方ばかりでは実現性にも疑問が生じます。

　たとえば、下記のように数字で示したり、どのような状態なのかを示し

たりすることで具体性が増し、読み手にとってよりイメージがわきます。

【具体的な書き方の例】
性能がかなりよい　→　既存製品と比較して最高出力が1.5倍である
コスト削減が可能　→　従来製品と比較してロス率を30％削減できる
使い勝手がよい　　→　マニュアルなしでも直観的に操作できる
十分な需要が見込める　→　既存取引先はじめ10社から引合いがある

③　客観的な説明になっているか

　経営者の思い込みや独りよがりではなく、できるだけ客観的に書かれていることで事業計画書の信頼性は高まります。客観的とは「事実にもとづいて論理的に」、あるいは「手前味噌ではなく、第三者的の公平で冷静な目で見てどうか」ということです。

　単に「他社製品よりも性能が優れている」というだけでは客観性はありません。たとえば「1時間あたりの処理量が1.5倍」という記載や、公設試験研究機関○○の検査によると「従来の10分の1の精度での位置決めが可能」など、第三者の視点や具体的事実やデータを記載することです。

　事業計画書を常に客観性を意識して書くことで経営者自身の思い込みによる事業の失敗を防ぐこともできるでしょう。

④　読み手にとってわかりやすいか

　審査員の立場に立って記載されていることが第一です。審査員は1日に何十件もの事業計画書を審査します。また、事業計画書を読むことには慣れているとはいえ、個々の事業や技術などの専門家ではありません。

　したがって、専門用語はなるべく避け、簡潔な文章表現を心掛けるなど読み手の立場に立った書き方が大切です。当然ながら、わかりにくいとそれだけでマイナス評価になりかねません。

　また、わかりにくい事業計画書はそもそも不明確な点が多いということです。事業の構想自体のブラッシュアップが必要といえるでしょう。

　わかりやすい文書を書くコツとしては以下のような点があげられます。

> 【読みやすく、わかりやすく書くコツ】
> ・内容を具体的に示す適切な見出しをつける
> ・まわりくどい表現は避け、短く簡潔な文章にする
> ・先に結論を示し、その後で理由や背景などを説明する
> ・数字や固有名詞を使って具体的に記載する
> ・客観的事実と感想、意見、予測などは区別して記載する
> ・データや文章などの引用は出所を明示する
> ・文章だけでなく、図表や写真、箇条書きを用いる
> ・専門用語はなるべく避け、使う場合には注（説明）をつける

⑤ 数値計画では内訳や前提・根拠を示す

　損益計画や資金計画などの数値計画については、売上高や経費の内訳も示すべきです。それによって、より具体性が高くなります。

　補助金の対象事業は新しい事業ですので、特に売上高の計画はもともと不確かなものにならざるを得ません。とはいえ、事業化の実現性のためには計画の信ぴょう性を評価してもらうことが必要です。そこで、少なくとも予測や計画の前提や根拠となる数値もあわせて示すとよいでしょう。具体的には、販売単価や数量、そして、販売ルート別の内訳などです。

　たとえば、WEBサイトでの直販でいくら、代理店販売でいくらなどと計画の前提根拠を示すことで具体性が高まります。

(3) 事業計画書の審査ポイント

① 審査ポイントの視点からの記載

　たとえば、ものづくり補助金などでは審査ポイントが公募要領に具体的に記載されています。他の補助金でも、補助金の趣旨からして審査のポイントは絞られます。公募要領を読み込んで確認しておくことが大切です。

　多くの補助金に共通する審査上のポイントは以下のとおり、新規性、独創性、実現性、収益性などです。対象事業がこれらのポイントを満たしていることを事業計画書の中で具体的に説明します。

事業計画書に審査ポイントに関することがまったく記載されていないと、その分の評価点が入りません。書類審査では記載されていないことはまったく評価されませんので、とにかく、もれのないように審査ポイントに関する説明を記載するようにします。

② 実現性評価の視点

補助金の対象事業が、実際に実現できないと補助金に採択されても無駄になってしまいます。そこで、対象事業が確実に実現できるかどうかが重要な審査ポイントの1つです。

では、実現性がどのような観点から評価されるかというと、たとえば以下の点になります。

【実現性評価の観点】
・経営者の経験や既存事業実績から対象事業の実施能力があるか
・事業の実現に向けた課題が明確になっているか
・既存事業の実績や経営者の経験が活かされる事業か
・事業化へ向けたスケジュールが示されているか
・社内での実施体制が具体的に計画されているか
・事業化後の販売経路や営業方法が計画されているか
・仕入先、提携先などのパートナーや協力者が決まっているか

③ 新規性・革新性、独創性評価の視点

補助金の対象としてふさわしい事業は、ありきたりのものではなく、これまでにない新しい要素があるものです。そのような新規性・革新性のある事業こそ、補助金の対象としてふさわしいといえます。

同様に従来の方式や仕組みとまったく異なる考え方の製品やサービスなど独創性が高い事業ほど補助金対象とする意義があり、対象事業としてふさわしいといえます。

> 【新規性・革新性、独創性を評価する観点】
> ・同じような事業が広く一般的に行われていないか
> ・類似する他社の事業との違いが明確になっているか
> ・従来技術、製品、事業で解決できなかった課題を解決できるものか
> ・どのような点で既存の技術、製品、事業と異なっているのか
> ・事業化の実現でどのような新しい価値が提供される事業か

④ 収益性・継続性評価の視点

　事業化が実現できたとしても、十分な市場の需要や顧客のニーズが見込め、収益を確保できて黒字化できなければ、事業は継続できません。

　対象事業が継続できなくなれば、補助金の意義が薄れてしまうので、審査上でも、収益性、継続性が評価項目になります。

> 【収益性、継続性を評価する観点】
> ・事業化が実現すると新たな需要や顧客が十分見込まれるか
> ・顧客ターゲットが具体的に明確になっているか
> ・市場ニーズが十分期待できる製品（サービス）か
> ・当初は赤字でも、その後採算が採れる事業へ発展できそうか
> ・販売経路や営業方法が具体的に計画されているか

02 事業計画書の作成手順

（1）事業計画書作成全体の流れ

　ヒアリングや資料収集によって、経営者の事業に対する想いをくみ取りつつ、対象事業のストーリー作りを通じて構想を具体化していきます。

　これらの準備が極めて大切です。金融機関が支援する以前に経営者自らがある程度自力で準備し、対象事業の計画が具体化している場合は、事業計画書の作成に比較的短期間で着手できるでしょう。

● 図表3-12　事業計画書作成の流れ ●

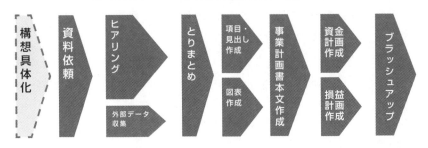

　一方、そうでない場合、事業計画書を記載し始める前の準備に時間がかかることはやむを得ません。補助金対象事業の構想具体化が不十分だと事業計画書を作成し始めても、審査で評価を得られるものにするのは難しいといってよいでしょう。

(2) 事業計画書作成の準備

① 申請書様式の確認

　事業計画書は補助金申請書類の様式にしたがって作成します。様式は公募要領の中で指定されています。同じ補助金でも応募のパターンによって、複数の種類がある場合があります。様式を間違えるとそれだけで審査対象外として不採択になることもありますので、よく確認することが大切です。

② 項目と見出しの確定

　事業計画書は公募要領で定められた様式の項目にしたがって作成します。ただし、ものづくり補助金のように、所定の様式には大項目しか示されていない場合もあり、自分で考えなくてはなりません。

　そこで、事業計画書を作成する申請者が、内容項目を細分化し、見出しについても考えて記載します。

　項目の細分化と見出しの作成で、何をどのような順番や構成で記載するのかが決まってきます。読み手にとっても、項目や見出しが的確だとそれ

を見ただけでどこに何が記載されているかがわかり、全体像も理解しやすくなります。したがって、項目や見出しの構成を決めることは事業計画書の作成にあたって大変重要です。

　どのような項目を記載すればよいかは補助金の種類ごとに異なりますが、たとえば、ものづくり補助金の場合は一般的に下記のような項目が必要です。

【事業計画書の項目・見出しの例】
・会社概要（業種、事業内容、設立年月、資本金、従業員数、所在地等）
・経営理念、事業目的、経営ビジョン（創業経緯・目的、将来の目標）
・経営者（年齢性別、経歴、保有資格、業績等）
・ビジネスモデル（提供価値、仕入先、外注先、販売先、販売経路）
・技術・製品・サービスの特色（既存技術・競合との違い、知的所有権）
・事業実施体制（自社の責任者・担当者の属性・氏名、パートナー企業）
・事業化スケジュール（研究開発、試作、ユーザー評価、生産・販売開始）
・市場規模、市場成長性、競合状況、顧客ターゲット
・販売方法、営業方法、広告PR・販促方法、顧客見込み先
・収支計画（業績計画、資金計画、人員計画、設備投資計画）

③　図表の作成

　新しい技術や事業を第三者の審査員向けに書く事業計画書では、わかりやすさも大切です。重要なポイントや文章での説明だけではわかりにくい点については、図や表、写真などを使って説明します。

　項目や見出しが大体決まったら、図表の作成を行います。この時点では大まかにどのような図や表を作成すればよいか考え、その材料を集めておくだけでもよいでしょう。図表が作成できると、それに沿って事業計画書の文章も非常に書きやすくなります。

④　数値計画の書式作成

　損益計画や資金計画などの数値計画も事業計画書を数字で表す重要な部分ですので、その書式を用意します。

　数値計画は何度も修正しながら作成することが多いため、本文とは別に

第3節　事業計画書等の作成

図表3-13　損益計画の書式例

単位:千円

	2019/3期 実績	2020/3期 第1期計画	前期比 増減	2021/3期 第2期計画	前期比 増減	2022/3期 第3期計画	前期比 増減	2023/3期 第4期計画	前期比 増減	2024/3期 第5期計画	前期比 増減
売上高①+②	0	0	0	0	0	0	0	0	0	0	0
①既存事業			0		0		0		0		0
②新規事業a×b			0		0		0		0		0
a同上販売個数											
b同上平均単価											
仕入高(既存)40%		0		0		0		0		0	
減価償却費(既存)											
製造原価(既存)10%											
原材料単価											
設備減価償却費											
売上原価	0	0	0	0	0	0	0	0	0	0	0
売上総利益	0	0	0	0	0	0	0	0	0	0	0
販売費一般管理費											
役員報酬			0		0		0		0		0
給与手当・賞与			0		0		0		0		0
法定福利費			0		0		0		0		0
旅費交通費			0		0		0		0		0
減価償却費			0		0		0		0		0
賃借料			0		0		0		0		0
地代家賃			0		0		0		0		0
水道光熱費			0		0		0		0		0
消耗品費			0		0		0		0		0
支払手数料			0		0		0		0		0
その他			0		0		0		0		0
特許費用			0		0		0		0		0
営業利益	0	0	0	0	0	0	0	0	0	0	0
営業外収益			0		0		0		0		0
営業外費用			0		0		0		0		0
経常利益	0	0	0	0	0	0	0	0	0	0	0
税引前当期利益			0		0		0		0		0
法人税等			0		0		0		0		0
当期利益	0	0	0	0	0	0	0	0	0	0	0

Excelなどの表計算ソフトで作成するとよいでしょう。

（3）申請様式への事業計画書記載

　以上のような準備がすべて整っていれば、補助金申請書類の一部として事業計画書の様式にスムーズに記載していくことができます。特に見出しや図表が先にできていると、説明の記載はとても楽になるでしょう。

　また、事業計画書を記載する様式とは別に、別紙の添付資料として作成した方がよい場合もあります。損益計画の表などは、事業計画書本文には要約の数値だけ記載して、内訳も含めた詳細は別紙資料として添付するほうがよいでしょう。

　いずれの場合も公募要領に事業計画書の様式や記載方法について指定がある場合には、そのとおりに記載するようにします。

03 事業計画書の項目別記載ポイント

（1）対象事業の背景と目的

① 事業構想の動機ときっかけ

　補助金の対象事業を新たに行おうとする背景や目的は、補助金の審査員としても最初に見るポイントです。なぜその経営者がその事業を行うのか、その能力・資質はあるのかという点も実現性評価の点で重要な審査ポイントの1つです。

　既存事業での技術・ノウハウや経営者の経験を活かせる事業であれば、動機や背景は理解されやすく、実現性も評価されやすいので、その点を明記します。

　ただし、既存事業の単なる改善や改良に留まる事業だとすると、新規性の点では評価が低くなります。したがって、補助金対象事業について、既存事業の延長ではなく新たに行うものであることが前提として必要であり、既存事業との違いを明確に記載することがもっとも大切です。

② 対象事業の目的と効果

　対象事業の目的を明確に記載します。当然ながら、補助金の趣旨に対象事業の内容がマッチしていることが大前提です。

　事業の目的には、顧客にとっての何らかの課題解決という側面と、その事業を通じた自社にとっての売上拡大、収益性向上の側面があります。自社としての利益追求のための目的も重要ですが、顧客やユーザーの視点もどちらも大切です。

　さらには、環境問題、少子高齢化などの社会的課題解決の側面で意義があればさらに評価されやすい事業といえます。

　対象事業の目的達成は事業の効果とも言い換えることができます。どちらにしても、事業計画書の冒頭に何のための事業なのかを記載すること

で、補助金の趣旨に合ったものであることを明確に示します。

③ 事業の課題と解決策

また、対象事業を実現するための課題が明確になっているかという観点も、事業計画書の審査項目になっている場合があります。したがって、対象事業の実現にとってどこが重要な課題かについては、見出しをつけてまとめて記載するとわかりやすいでしょう。

課題に対しては、同時に解決策も示します。どのようにしてその課題を解決する計画なのかということです。対象事業を行うこと自体が課題の解決になるわけですが、明確に記載されていれば、審査上でも評価されやすいといえるでしょう。

(2) 対象事業の特色と優位性

① 優位性、差別化要素

事業計画書の中で最も重要な部分の1つです。対象事業の製品・サービスの強み、他社の製品・サービスにはない独自の差別化要素がよくわかるよう、明確に具体的・客観的に記載することがポイントになります。

自信がある経営者ほどよい製品だから必ず売れるはずだという独りよがりに陥りやすいので注意が必要です。製品・サービスを評価し、購入するのは顧客であり、ユーザーです。

ですから、その顧客やユーザーにとって、他社と違ってどのような価値を提供できるのか、という点が重要なのです。したがって、顧客やユーザーの視点からみた特色、価値、差別化要素は何かという点を具体的に記載することが大切です。

たとえば、機械装置など設備投資を中心とする補助事業の場合、どのような○○なのか、他の○○とどこが違うのかなどの差別化の観点からも説明が求められます。

● 図表3-14　競合他社製品との比較表の例 ●

機能・性能		当社製品		A社製品		B社製品
技術方式		○○方式		××方式		××方式
製品重量	△	9,860g	◎	8,500g	○	9,300g
消費電力	◎	586kWk	○	750kWk	△	890kWk
耐熱温度	○	800℃	△	650℃	△	700℃
耐久性能	◎	優	○	良	○	良
微細加工	○	0.01μ	△	0.03μ	○	0.01μ
特殊加工	○	可	×	不可	×	不可
標準価格	◎	350,000	○	320,000	△	400,000

② 技術・ノウハウの特色

　多くの補助金において審査ポイントになる独創性、新規性は、単なるアイデアだけではなく、技術やノウハウの裏付けがあるはずです。

　対象事業の差別化要素の源泉となる技術・ノウハウの特色については、専門的な内容になる場合が多いでしょう。特に部外者である審査員向けである事業計画書には、図表や写真なども使ってわかりやすく記載することが必要です。

　加えて、競合する類似技術や競合製品やサービスとの違いについて、技術面での違いも具体的に記載します。

(3) 対象市場および顧客ターゲット

① 対象市場規模および市場動向

　対象事業がどのようなものでも、最終的には事業化、つまりビジネスとして成り立つ必要があります。そこで、事業化段階で製品やサービスがど

のような市場を対象にするのか、明らかにしておくことが不可欠です。

　できれば、対象と想定する市場規模が統計データなどをもとにした推定金額で示せるとよいでしょう。その他に対象市場の成長性や競合の状況について、できるだけ具体的、客観的に記載します。

② 顧客ニーズの存在

　さらに、対象市場の中でその技術や製品・サービスを必要とする顧客の存在が必要です。顧客のニーズが確実にあるものでなければ、事業として継続できません。

　具体的にどのような場面でどのようなニーズがあるのか、特に新しい事業であるほど潜在的ニーズも含めて具体的に記載します。アンケートやインタビューによる調査結果も根拠として記載することで、客観的説明になります。

③ ターゲット顧客の絞込み

　次に対象市場やニーズを想定して、さらに具体的な顧客やユーザーという視点で対象事業のターゲットを記載します。新しい事業ではなるべく多くの顧客やユーザー向けの事業として幅広く考えたくなりますが、逆に絞り込む方が、ターゲットが明確になるので望ましいといえます。

　補助金の対象事業にはこれまでにあまりない新しい製品やサービスによる事業の場合が多いので、潜在的ニーズのある顧客を想定する必要もあるでしょう。潜在顧客にその製品・サービスが必要とされる根拠をできるだけ具体的に記載しましょう。

　ターゲットとする顧客やユーザーが明確になっていれば、販売ルートや方法、広告宣伝など、営業活動の計画も、それに合わせて具体的に計画しやすくなります。

● 図表3-15　顧客ターゲット絞込みの例（飲食店向けオーダー端末システム）●

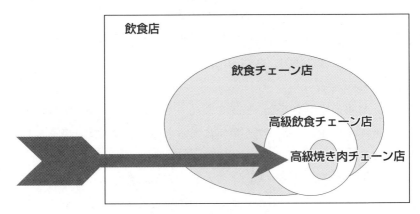

(4) ビジネスモデル・事業全体の仕組み

① 事業全体の仕組み（ビジネスモデル）

　特にこれまでにない新しい事業が対象事業の場合には、ビジネスモデル全体について図などを使ってわかりやすく説明するとよいでしょう。

　ビジネスモデルとは、どのような仕入先・外注先・パートナー企業・販売ルート・販売代理店などを利用して、どのような顧客に対して、どのような方法で製品・サービスを提供し、収益をあげるかという事業全体の仕組みです。

　ビジネスモデルのタイプは色々ありますが、取引先や顧客との関係、収益の流れなどを図表3-16のような図で表すと、言葉だけで説明するよりもわかりやすくなります。

図表3-16　ビジネスモデルの図解例

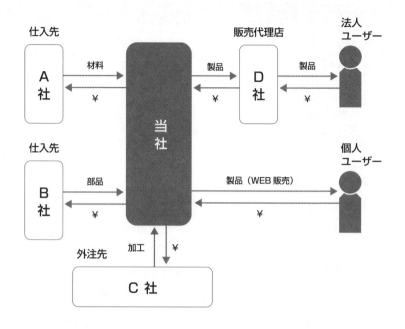

② 販売経路・販売方法

　どのような販売経路や販売方法で製品・サービスを提供するのかという点も重要です。一般個人向けのBtoC事業であれば、リアル店舗またはネット販売などになるでしょう。

　法人向けのBtoB事業の場合では、自社直販営業の他に代理店販売などいくつかの方法があります。業種によってはWEBサイトでのネット販売もあり得るでしょう。どのような方法で販売するのか対象事業のターゲット顧客にマッチした販売ルート、販売方法をできるだけ具体的に記載することで、事業化段階での実現性の評価に繋がります。

　自社直販と代理店販売とではそれぞれ**図表3-17**のようなメリット、デメリットがあります。両方を併用することも可能です。

● 図表3-17　自社直販と代理店販売の比較 ●

	自社直販	代理店販売
メリット	・粗利益率が高い ・エンドユーザーの情報、声を直接入手できる	・拡販スピードが速い ・信用補完としての効果 ・代理店側にも在庫負担が分散
デメリット	・商圏のカバーに限界 ・拡販のスピードに限界 ・自社がすべての在庫負担	・直販より粗利益率が低い ・エンドユーザーの情報が入手しにくい

③　広告宣伝・販売促進

　事業が最終的に成功するには、顧客やユーザーを集めるための営業活動や広告宣伝や販売促進策が必要です。事業計画書にもそこまで考えて書くことで実現性や継続性が評価されます。

　具体的な方法としては、広告媒体としてWEBサイト、新聞、雑誌、テレビ、看板、チラシ、ダイレクトメールなどがあります。

　また、法人向けB to B事業などでは展示会への出展も有効な方法です。特定の業界やテーマごとに様々な展示会がありますので、その中から対象事業の製品・サービスに適したものを調べて計画に入れるとよいでしょう。

　費用がかからない、もしくは低コストでできる販売促進方法としてはパブリシティ、SNS（ソーシャル・ネットワーク・サービス）を活用した情報発信や、異業種交流会を通じた紹介営業、成果報酬型の営業代行サービスの利用なども考えられます。

(5) 事業の実施体制とスケジュール

① 　事業の実施体制

　対象事業の実施体制についての説明は、ともすると記載がもれがちですが事業計画書の中では大切な部分です。なぜなら、計画の実現性を評価するうえで、重要な要素だからです。

第3節　事業計画書等の作成

　実施体制は、社内の組織や要員、社外のパートナー企業などについて、経験や能力から対象事業にふさわしい旨を記載します。

② 社内の実施体制

　具体的には、まず社内において経営者を中心にどのような部署のどのような社員が担当するのかという点です。対象事業の実施にあたってふさわしい経験や能力があることが説明できるとよいでしょう。対象事業を行う人員や組織上の位置づけも記載します。

　そこで、経営者をはじめ対象事業の担当者についても経歴や担当職務、経験年数、保有資格などを具体的に記載します。

● 図表3-18　事業の実施体制の記載例 ●

〈開発における社内体制〉

	氏名・年齢	役職	保有資格	当社在籍／担当業務
責任者	○○○○ （49歳）	代表取締役	システム監査技術者、ITコーディネータ	2005年6月当社設立／経営全般・システム管理
管理者	□□□□ （48歳）	マネージャー	ネットワークスペシャリスト	2008年3月入社／システム運用、システム企画開発
担当者	△△△△ （35歳）	主任	基本情報技術者	2011年4月入社／システム運用、システム企画開発

〈開発フェーズ分担・内容〉

分担	フェーズ	開発内容	時期
自社	企画・設計	システム企画、要件定義、概要設計、詳細設計	2015年7〜12月
自社	テスト	プログラムテスト、結合テスト、システムテスト、運用テスト	2016年3〜6月
協力会社	プログラム開発	プログラム設計、プログラミング	2016年1〜3月

③　事業パートナー

　対象事業の業種や事業内容によっては、技術提携先や販売代理店など技術面や販売面などで外部の事業パートナーの力を借りる場合があるでしょう。自社単独で事業を行うよりも、信頼できる事業パートナーがいれば事業展開のスピードを速めることもできます。審査でも評価されるよう記載します。

　ただし、本来は自社で行うべき技術開発など事業の中核部分を丸投げ的に外注するものは補助金の対象外になります。あくまで付随的な周辺分野について協力を依頼したり、委託したりすることが中心です。

　公設試験研究機関や大学などの研究機関と共同開発を行ったり、分野の異なる中小企業同士で連携して開発を行ったりする場合もあるでしょう。その場合もそれぞれの外部パートナーの役割分担と連携方法の計画を記載します。

④　仕入先・外注先

　仕入先、外注先など事業に必要な原材料や部品の仕入先、作業の外注先などの取引先について、少なくとも候補先とその発注方法、仕入方法もなるべく具体的に記載しておきます。

　既存の取引先に依存できる場合などは、その旨を記載します。対象事業を実際に進めるには、このような取引先がカギになる場合もありますので、もれなく記載するようにします。

⑤　事業化スケジュール

　事業計画書には、対象事業の補助対象となる事業期間だけでなく、その後の事業展開も含めたスケジュールも記載すべきです。技術開発から試作品開発のための補助金などは、特に事業化まで数年間かかる場合もあるでしょう。

　製品として発売することができれば、とりあえず事業化に達します。ただし、ビジネスとして成り立ち、その後も継続的に収益をあげられなければ、最終的な目的は達成できません。

スケジュールは試作品完成や製品発売などの予定年月を示す方法と、初年度、2年目など年度ごとにどこまで発展、展開させるのかを示す方法があります。少なくとも対象事業の損益が黒字転換して軌道に乗るまでのスケジュールを示します。製品発売時期など損益計画と矛盾しないように整合性をとります。具体的には、**図表3-19**のような図でわかりやすく示すことがポイントです。

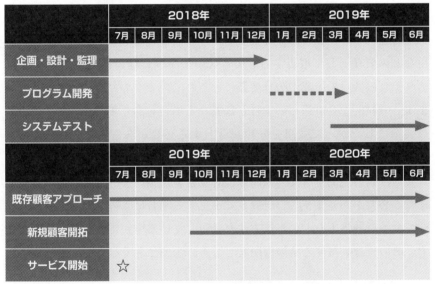

● 図表3-19　事業化スケジュールの記載例 ●

⑥　リスクと対応策

事業計画書において必須ではありませんが、事業化にあたってのリスクとその対応策を記載することは有効です。

技術開発によって新市場を開拓する事業の場合、自社の技術だけでは量産品開発までに時間がかかりすぎたり、大手企業が参入してきたりするなどのリスクがあるかもしれません。

そのようなリスクを認識し、他のパートナー企業から技術面の協力を得たり、特許権などの知的所有権を確保したりするなどの対応策なども考えておくことが求められます。

補助金対象事業のような新規事業にリスクはつきものです。その点も把握したうえで対策も計画されていれば、審査上もプラスといえます。

(6) 資金計画作成の留意点

資金計画は対象事業の事業期間にかかるすべての費用とそのうちの補助金対象となる費用を区別して計上します。

補助金の公募要領では「経費」という用語が使われますが、設備投資費用などの資産として取得するものも含めてすべて経費と呼びます。また、それぞれの費目の定義が公募要領に示されていますので、それにしたがいます。一般的な会計用語の費目とは異なる場合もありますが、あくまで公募要領にしたがって費用を分類、計上する必要があるので注意しましょう。

また、補助金交付までの期間は、対象経費についても自己資金で支払いを行う必要があります。自己資金で不足する場合は、補助金申請時点において金融機関借入などの調達方法が確定している方が審査上は評価されます。その点は支援する金融機関としても、念頭におくべきでしょう。

(7) 損益計画の作成方法と留意点

① 損益計画作成のポイント

損益計画は補助金対象の事業期間が完了した後も含め、最低限、公募要領で定められた期間について作成します。通常は既存事業も含めた事業者全体について3年から5年程度の中長期計画を作成することになります。

注意すべき点としては、補助金対象事業とそれ以外の既存事業とは区別して作成することです。補助金による事業の効果を明確にするためです。対象事業と既存事業の合計が、会社全体の数字となります。

また、補助金によっては、対象事業の効果によって、数年後以内に経常利益や付加価値が一定の伸び率以上改善できる生産性向上を条件としている場合があります。その場合は、当然ながらその条件をクリアできる計画になっていることが不可欠です。

また、補助金の対象事業については新規事業ですので、事業化後、徐々に売上が増えていく計画が自然です。したがって、少なくとも当初1～2年間の分は月次計画を立て、それをもとに年間の計画とするのがよいでしょう。

【補助金で求められる損益計画作成のポイント】
・対象事業と既存事業を区別して計画する（収益面、費用面）
・定められた期間以上、通常3～5年間の中長期計画とする
・付加価値、経常利益の一定率以上の増加などの条件をクリアする
・事業化開始から1～2年後には黒字転換が可能な計画とする
・当初1～2年の年間計画は、月次計画をもとにして作成する

② 売上高計画作成のポイント

損益計画の中で売上高の計画が最も難しいといえます。単に1年ごとの売上高合計を示すだけでは、その売上高が本当に実現できるのか、なぜそれが可能なのかわかりません。そこで、計画の内訳や前提となる根拠を示すことがポイントです。

実際に売上高の計画を立てる際にも、顧客数や販売数量、価格・料金単価などの前提根拠をもとに計画する方が説得力があります。

③ 売上高計画の内訳・根拠の示し方

売上高の計画を立てる方法として、業種や事業の特色、顧客の種類などに応じて、主に**図表3-20**のようないくつかの方法があります。事業内容にマッチするいずれかの方法で計画を作成することで、内訳や前提根拠を示すことができます。

このうち、製品（商品）別売上計画、主要顧客別売上計画、販売ルート

● 図表3-20　事業の対象顧客に適した売上高計画作成方法の選択 ●

対象顧客	対象業態	製品別	顧客別	販売経路別	店舗別
BtoC：消費者向け	個人向け小売、飲食、サービス		○	○	○
BtoB：法人向け	法人向け卸売、サービス	○	○	○	

● 図表3-21　売上高計画作成方法の計算根拠 ●

計画作成方法	計画値の計算根拠
製品別	平均単価 × 数量 ＝ 製品別売上高
顧客別	平均単価 × 数量 ＝ 顧客別売上高
販売経路別	平均単価 × 数量 ＝ 販売経路別売上高
店舗別（物販店）	平均客単価 × 購入客数 × 営業日数 ＝ 店舗別売上高
店舗別（飲食店）	平均客単価 × 席数 × 回転率 × 営業日数 ＝ 店舗別売上高

別売上計画について以下で説明します。

㋐主要製品・サービス別の売上高計画

　複数の製品・サービスを取り扱う場合には、主な商品・サービスごとに販売計画を立てます。どのような製品がどのくらい売れるか、サービスの契約が何件くらいとれるかという計画を立てます。

● 図表3-22　製品別売上高計画の例 ●

		単価	1月	2月	3月	4月	5月	6月	7月	8月	9月	10月	11月	12月	第1期計画（千円）
売上高	製品A	50	2,500	2,500	2,500	5,000	5,000	5,000	7,500	7,500	7,500	10,000	10,000	10,000	75,000
	製品B	30	0	0	0	0	0	3,000	6,000	6,000	6,000	6,000	6,000	6,000	39,000
	製品C	15	0	0	0	1,500	1,500	1,500	1,500	1,500	1,500	1,500	1,500	1,500	13,500
	その他	5	0	0	0	0	0	0	1,500	1,500	1,500	1,500	1,500	1,500	9,000
	合計	―	2,500	2,500	2,500	6,500	6,500	9,500	16,500	16,500	16,500	19,000	19,000	19,000	136,500
販売数量	製品A	―	50	50	50	100	100	100	150	150	150	200	200	200	1,500
	製品B	―	0	0	0	0	0	100	200	200	200	200	200	200	1,300
	製品C	―	0	0	0	100	100	100	100	100	100	100	100	100	900
	その他	―	0	0	0	0	0	0	300	300	300	300	300	300	1,800
	合計	―	50	50	50	200	200	300	750	750	750	800	800	800	5,500

つまり、売上高 ＝ 製品別単価 × 数量（件数）として計画します。

①主要顧客別の売上高計画

　法人顧客向けのB to B 事業などの場合、主要顧客別に販売計画を立てることも考えられます。特定の企業が販売先である場合に販売先の顧客別に相手先の規模などに合わせた方が計画を立てやすいでしょう。

　すでに販売先の候補がある場合などは社名も記載します。事業化後に徐々に販売先を開拓・拡大していく計画であれば、1社あたりの想定売上高と、社数の計画を元にして売上高計画とするのもよいでしょう。

図表3-23　主要顧客別売上高計画の例

	1月	2月	3月	4月	5月	6月	7月	8月	9月	10月	11月	12月	第1期合計（千円）
A社	2,000	2,000	2,000	2,000	2,000	2,000	3,000	3,000	3,000	3,000	3,000	3,000	30,000
B社			1,400		1,400		1,400		1,400		1,400		7,000
C社		800	800	800	800	800	800	800	800	800	800	800	8,800
D社				600	600	600	600	600	600	1,200	1,200	1,200	7,200
E社				300	300	300	300	300	300	300	300	300	2,700
その他	600	600	600	800	800	800	1,200	1,200	1,200	2,000	2,000	2,000	13,800
合計	2,600	3,400	4,800	4,500	5,900	4,500	7,300	5,900	7,300	7,300	8,700	7,300	69,500

②販売経路別の売上高計画

　また、販売経路が複数ある場合、それぞれの経路ごとに計画を立てます。

　たとえば、WEBサイトでのネット販売、訪問営業による自社直接販売、代理店を通じての販売などがあるとすれば、それぞれ計画するということです。

　粗利益率（原価率）は、それぞれ異なる場合が多いため、売上高を販売経路別で計画する方が粗利益の計画も実態に近いものにすることができます。

● 図表3-24　販売経路別売上高計画の例 ●

	1月	2月	3月	4月	5月	6月	7月	8月	9月	10月	11月	12月	第1期計画 (千円)
自社直販	2,000	2,000	2,000	2,000	2,000	2,000	3,000	3,000	3,000	3,000	3,000	3,000	30,000
ネット直販				200	200	300	300	300	400	400	400	500	3,000
代理店A	600	600	600	800	800	800	1,200	1,200	1,200	2,000	2,000	2,000	13,800
代理店B				500	500	1,000	1,000	1,000	1,500	1,500	1,500	3,000	11,500
合計	2,600	2,600	2,600	3,500	3,500	4,100	5,500	5,500	6,100	6,900	6,900	8,500	58,300

④　費用計画の作成方法

㋐売上原価の計画

　基本は売上計画（販売計画）に合わせて商品別、顧客別などにわけて作成します。ただし、製品別や顧客別で粗利益率（原価率）に差がない場合は、一定の原価率を用いて計画すればよいでしょう。

　売上原価は売上をあげるために直接かかる費用で、売上高に比例する変動費です。主に原材料や商品の仕入れ、外注費などが該当します。

　変動費である売上原価の計画は、売上高の計画にあわせて、対応する売上高×○％として計画します。この○％は原価率といいますが、仕入の単価などからあらかじめ試算しておきます。

㋑その他費用の計画

　補助金対象事業の事業化に伴って増加する分を見込んで計上します。特に設備投資に伴う新たな減価償却費、人員の増加に伴う人件費の増加分などをもれなく計画します。また、借入金の支払利息を計上します。

　事業化後も含めた損益計画を記入する公募要領にある様式に合わせ、数字をまとめて記載します。ただし、計画の根拠・内訳としての詳細な損益計画の表は別途添付資料として提出するとよいでしょう。

● 図表3-25　損益計画書式の例（ものづくり補助金）●

	直近期	1年後	2年後	3年後	4年後	5年後
①売上高						
②営業利益						
③営業外費用						
経常利益（②−③）						
伸び率（％）						
④人件費						
⑤減価償却費						
付加価値額（②+④+⑤）						
伸び率（％）						
⑥設備投資額						

04　事業計画書のブラッシュアップ

（1）審査ポイントの再確認

　事業計画書が一通り完成したら、審査ポイントとなる点が十分記載されているかどうか、対象事業について評価すべき点が読み取れるかどうか、改めて確認します。特に実現性や新規性などの重要ポイントが十分評価されるように、必要に応じて記載し直し、加筆を行います。

　また、誤字脱字があると審査でも減点されないとは限りません。作成者以外の第三者に読んでもらい、わかりにくいところや誤りについてもチェックしてもらうとよいでしょう。

（2）見出し、キーワードの確認

　見出しだけ読んで何が記載してあるのか、おおよそわかるかどうかを確認します。見出しだけで記載内容がよくわかる事業計画書は全体像が把握しやすく、理解しやすいといえます。

また、重要な項目のもれがないか、審査ポイントに関する必要なキーワードが見出しや本文に適切に記載されているかどうかもチェックします。

(3) わかりやすさ、読みやすさのチェック

作成した事業計画書は自分だけで読み返すよりも、対象事業についてあまり知識のない第三者に読んでもらうとよいでしょう。そして、わかりにくいところについて指摘してもらい、表現の工夫や補足説明を加えるなど必要に応じて修正します。

05 申請書類のとりまとめ

(1) 加算項目への対応

補助金によっては、審査上で評点が加算される項目が示されている場合があります。補助金の対象事業者が新たに雇用創出する場合、賃上げを行う場合、経営力向上計画などの法律認定を受けている場合などです。該当する場合は申請書類の定められた箇所に該当する旨をもれなく記載し、定められた証拠書類を添付します。

加算項目は事前に準備が必要で補助金の申請時点では間に合わないものもありますが、少しでも評価点が加算されるよう事前に取得できるものはできるだけ認定を受けておくとよいでしょう。

国の補助金において加算項目に指定されるものとして、主に図表3-26の法認定制度があります（第4章参照）。

● 図表3-26　加算項目になる主な法認定制度の例 ●

法認定計画	根拠法（略称）	計画認定申請先
経営力向上計画	中小企業等経営強化法	事業所管大臣
経営革新計画	中小企業等経営強化法	都道府県
特定研究開発等計画	中小ものづくり高度化法	経済産業省 （各経済産業局等）
特定下請連携事業計画	下請中小企業振興法	経済産業省 （各経済産業局等）
先端設備等導入計画	生産性向上特別措置法	地方自治体（市区町村）
地域産業資源活用事業計画	中小企業地域資源活用促進法	経済産業省 （各経済産業局等）

(2) 申請書類の提出期限、提出方法の厳守

① 提出期限

　補助金の公募期間は一般に短いと1ヵ月程度、長くても2ヵ月あまりとなっています。その間に事業構想をまとめて具体的な事業計画書を作成し、必要な添付書類も用意して申請書類一式を提出するには、十分時間があるとはいえません。

　そこで、提出期限までに余裕をもって申請書類をまとめられるようにする必要があります。

　提出期限についても、当日消印有効の場合と当日必着の場合がありますので、万一提出期限間際になった場合に備えて確認しておきます。いずれの場合も締切に間に合わないと理由を問わず一切受付されません。

② 提出先と提出方法

　必要な申請書類をすべてもれなく用意するのはもちろんですが、提出方法の確認も大切です。郵送、宅配便のどちらでもよいのか、持参提出が禁止されている場合もありますので注意が必要です。ネット上で送付できる

電子申請の方法が認められている補助金もあります。

　また、ものづくり補助金など大規模な国の補助金の場合、補助金事務局は都道府県ごとに設置されています。どの都道府県事務局に提出すればよいか、対象事業者の事業所と本社が異なる場合や、複数ある場合などは慎重に確認します。

③　チェックリストの活用

　補助金によっては、公募要領の中に申請書類提出時のチェックリストの様式が添付されています。多くの添付書類とともに申請書類一式を必要部数用意して提出することになりますので、チェックリストを活用してもれのないように慎重に用意します。

　原本と写し、印鑑の押印そのものが必要なものと押印した原本とコピーでよいものなど、書類の指定が複雑な場合もあるので、公募要領を慎重に確認し、誤りのないよう用意します。

　一部不足書類があったとしても原則として通知などはされず、書類不備で審査対象にならずに不採択となることもあり得ますので、十分な注意が必要です。

第3節　事業計画書等の作成

● 図表3-27　公募要領のチェックリストの例 ●

≪「企業間データ活用型」に応募申請する場合≫

＜提出書類チェックシート＞

注．提出書類・提出部数に漏れがないかチェックを付し、応募申請書類とともに提出してください。

応募者名				
事業計画名（連携体共通）				
書類種類	チェック欄	提出書類	提出部数	CD-R格納
申請書類	□	【様式1】ものづくり・商業・サービス経営力向上支援補助金事業計画書の提出について ※幹事企業、連携先企業が合同で1通提出 ※各事業者分の代表者社印の押印が必要（電子媒体に収録するファイルには印は不要）	正本1部 副本5部	○
	□	【様式2】事業計画書 ※自社と連携体内の他の事業者の役割分担や連携内容などを具体化すること ※企業間のデータ活用の状況がわかる構成図（導入しようとする機械装置等やデータ活用の流れを含めた基本設計図など）を記載すること ※連携体全体の配分表を別表で示すこと	正本1部 副本5部	○
	□	「機械装置費」を補助対象経費に計上し、提出する方のみチェック 入手価格の妥当性を証明できる書類（公募要領27ページ参照）	正本1部 副本5部	
	□	認定支援機関確認書　※各事業者分の確認書が必要	正本1部 副本5部	○
	□	該当する書類を提出してください。 （製造原価報告書・販売管理費明細は従来から作成している場合のみ提出してください） 1. 設立2年以上経過している中小企業者等 　○ 2期分の決算書（貸借対照表、損益計算書（特定非営利活動法人の場合は活動報告書）、製造原価報告書、販売管理費明細、個別注記表）を提出 2. 設立2年に満たない中小企業・小規模事業者（1年以上2年未満） 　○ 1期分の決算書（貸借対照表、損益計算書（特定非営利活動法人の場合は活動報告書）、製造原価報告書、販売管理費明細、個別注記表）を提出 3. 設立間もなく決算書の提出ができない中小企業者等 　○ 事業計画書及び収支予算書を提出	正本1部 副本5部	
	□	定款若しくは登記事項証明書（提出日より3ヵ月以内に発行されたもの） （個人事業主の場合） 確定申告書（第1表）、納税証明書等、事業を行っていることが示されている書面	正本1部 副本5部	-
	□	会社案内等の事業概要の確認ができる資料 （自社で会社案内等のパンフレットを作成している場合は添付してください）	正本1部 副本5部	
	□	「総賃金の1％賃上げ等の実施状況について」で記載をしている企業 取組実態がわかる証拠書類（領収書、賃金台帳等）	正本1部 副本5部	
	□	平成30年7月豪雨により被害を受けた企業 平成30年7月豪雨における被害状況証明書及び直接被害者は罹災証明書の写し等	正本1部 副本5部	
	□	「有効な期間の経営革新計画の承認を応募申請時に受けている」に☑を付した方 「経営革新計画に係る承認通知書の写し」及び「経営革新計画に係る申請書（別表を含む）の写し」（承認申請中の場合は「経営革新計画に係る承認申請書（別表を含む）の写し」）（公募要領24ページ参照）	正本1部 副本5部	
	□	「有効な期間の経営力向上計画の認定を応募申請時に受けている」に☑を付した方 「経営力向上計画に係る認定について（認定通知書）の写し」及び「経営力向上計画に係る認定申請書（別紙）経営力向上計画を含む）の写し」（認定申請中の場合は「経営力向上計画に係る認定申請書（別紙）経営力向上計画を含む）の写し」）（公募要領25ページ参照）	正本1部 副本5部	
	□	「有効な期間の地域経済牽引事業計画の承認を応募申請時に受けている」に☑を付した方 「地域経済牽引事業計画に係る通知書の写し」及び「地域経済牽引事業計画に係る承認申請書の写し」（認定申請中の場合は「地域経済牽引事業計画に係る承認申請書の写し」）（公募要領25ページ参照）	正本1部 副本5部	
	□	「先端設備等導入計画の認定申請を行う予定である」に☑を付した方 「先端設備等導入計画の認定書の写し」又は認定申請中の場合は申請済みの「先端設備等導入計画の認定申請書の写し」（公募要領25ページ参照）	正本1部 副本5部	
	□	【様式2】2．（4）の会社全体の事業計画の算出根拠を別紙として記載する方のみ 「3～5年計画で「付加価値額」年率3％及び「経営利益」年率1％の向上を達成する計画書」	正本1部 副本5部	○
	□	提出書類チェックシート（本紙）	1部	-
電子媒体	□	CD-R（公募要領28ページの【CD-Rへのデータの収録方法】をご確認ください）	1	-
	□	提出する申請書類の正本とCD-R等に格納した内容が一致していること	-	-
その他	□	事業計画書（【様式1】【様式2】）の下中央に通しページが付されていること	-	-

注1．提出書類に不備のある場合、審査対象とならないことがありますのでご注意下さい。
注2．提出書類は審査、管理、確定、精算といった一連の業務遂行のためにのみ利用し、応募者の秘密は保持します。
注3．書類の返却はいたしませんので、必ず、正本の控えをお取りください。
注4．ファイルの背表紙と表紙に「事業計画名」「応募者名」及び正副の別を記入してください。
注5．電子媒体（CD-R）には「事業計画名」及び「応募者名」をラベル表紙に印字又は記載してください。

出所：平成29年度補正予算ものづくり補助金「2次公募要領」

第4節 スケジュール管理とフォローアップ

　補助金の公募は毎年３～５月頃がピークになりますので、その時期に合わせて計画的に準備を進めます。限られた期間に応募申請を行うにはスケジュール管理が大切です。
　応募申請から採択決定の後も、交付決定を受けて事業開始から交付請求まで多くの手続きが必要です。資金需要への対応や事業の成功へ向けた支援も含め、一貫したフォローアップが金融機関には求められます。

01 年間スケジュールの管理

（1）補助金シーズンの理解

　事業系の補助金の公募は、一般に年間を通じて１回から２回だけ行われます。その時期を逃すと次のチャンスは１年後ということもよくあります。
　そのように補助金の公募は毎年度ごとに限られた期間になりますので、あらかじめその時期にターゲットを絞って準備を進めておくことが有効です。
　毎年の公募回数はその年度の予算金額や応募状況に左右されます。また、同じ補助金でも年度によって、募集される月も異なることがありま

す。ただし、おおむね年度末の補正予算成立の直後3月から翌年度の前半の9月くらいまでに公募が行われることが多くなっています。

● 図表3-28　補助金公募期間の例（平成30年度実績）●

	1月	2月	3月	4月	5月	6月	7月	8月	9月	10月	11月	12月
平成29年度補正予算ものづくり補助金1次公募			2/28～4/27			6/29						
同上2次公募								8/3～9/18		10/29		
平成30年度サポイン事業			3/16～5/22			6/29						
平成30年度地域創造的起業補助金				4/27～5/22			7/17					
平成29年度補正予算持続化補助金			3/9～5/18				7/19					
平成29年度補正予算事業承継補助金				4/27～6/8			7/10					

──▶ 公募期間　　----▶ 審査期間～採択結果発表

（2）特定補助金支援のスケジュール計画

　毎年安定的に公募が行われる定番の補助金は、公募時期もおおむね決まっており、ある程度予測できます。そこで、主要な補助金の公募時期をスケジュールに入れて、支援策をあらかじめ準備しておくことが求められます。

　ただし、必ず毎年同様の公募が実施されるとは限りません。また、公募開始前の事前の情報収集にも限界があります。その点はやむを得ませんので、期待外れに終わる場合もあることを、補助金の公募を待っている事業者にも理解してもらう必要があるでしょう。

02 対象補助金のスケジュール管理

(1) 公募開始から締切までのスケジュール

　補助金の公募期間は1～2ヵ月前後と短いので、その間に事業構想をまとめ、事業計画書を含めた申請書類を作成することが必要です。
　ですので、提出期限から逆算して、いつまでに何をするかをスケジュール表にするとよいでしょう。
　申請する事業者が作成する書類だけでなく、認定支援機関の確認書が必要な補助金もあります。書類送付の準備にも時間がかかります。
　認定支援機関の確認書は、少なくとも事業計画書の下書きが出来あがってから依頼すべきものです。金融機関としては自行の本部が担当している場合が多いとはいえ、書類のやりとりに数日以上かかるのが普通です。
　申請書類の提出期限に間に合わないと、補助金を断念せざるを得ないので、厳格なスケジュール管理が必要です。

(2) 採択結果発表から事業開始までのスケジュール

　公募の締切から1～2ヵ月経過後に採択結果の発表があります。応募者には通知されますが、国の補助金では同時にWEBサイト上でも発表されるのが一般的です。結果発表がされたらいち早く確認します。
　補助金に採択された事業者に対してはその後の手続きが通知され、説明会が行われる場合もあります。その後、交付申請という手続きを行って、その結果交付決定の通知を受けてからでないと補助対象事業は開始できません。つまり、それ以前に対象経費を支出すると補助金の対象外になってしまうことになりますので注意が必要です。

（3）事業開始から完了報告・請求までのスケジュール

　交付申請後は比較的短期間で交付決定通知があります。その日から補助対象事業が開始できます。一般に事業期間は交付決定通知から公募要領に定められた事業期間の最終日までです。事業期間は通常6ヵ月から1年程度となるケースが多いといえます。

　対象経費の支出はこの期間内に行うことが必須要件です。スケジュール管理においても事業期間の厳守が条件になります。

　事業期間の完了後は、期限までに速やかに完了報告書を提出し、補助金の交付請求を確実にしなければなりません。10日間〜1ヵ月程度と短い期間に限られますので、確実な期限管理が不可欠です。

03　面接審査への対応

（1）面接審査のポイント

　幅広く公募される一般的な国の事業系補助金は書類審査だけで行われるケースがほとんどです。ただし、地方自治体の補助金や範囲の狭い補助金等では書類審査を1次審査後、その合格者に2次審査として面接審査が実施される場合があります。

　面接審査はその場限りになりますのでやり直しができません。また、経営者以外のコンサルタントなどの同席は認められません。したがって、十分事前に準備しておくことが望まれます。

　面接審査では、経営者の事業への意欲、想いを語る熱意、課題認識の冷静さなども含め、改めて直接確認されます。経営者が自ら自分の言葉で語ることが不可欠です。

(2) 面接審査の準備と留意点

　面接審査は通常は数名の面接官で行われます。技術面、事業化面などそれぞれ分担して質問されます。あらかじめ、想定される質問と答えを考えておくとよいでしょう。

　また、質問に入る前に、経営者自身から補助金対象事業の概要などポイントについて説明を求められることがあります。簡潔にわかりやすく、要点を説明できるように練習しておくべきでしょう。第三者への説明能力も経営者の資質の1つとして評価されると考えるべきです。

　面接の本番では、回答は質問の趣旨に対して的確に、かつなるべく簡潔に行います。また、自信をもって答えることが大切です。

　面接官は事業計画書などの申請書類をもとに質問します。外部専門家に作成を依頼した場合でも、当然ながら経営者自身が事業計画書の内容をあらかじめ十分理解のうえ、頭に入れて自らよく説明できるようにしておく必要があります。

04　補助金採択先へのフォローアップ

(1) 交付申請後のフォローアップ

① 採択通知と交付申請

　補助金を最終的に受領するまでの手続きは複雑です。支援する金融機関としても、事務手続きの流れを理解し、適宜アドバイスを行うなどのフォローを行うことも必要でしょう。

　採択通知によって補助金への採択が決定された後も交付申請という手続きが必要です。

　採択された事業者が行う交付申請にもとづいて、交付決定がされてはじめて、対象事業の開始（対象経費の支出）が認められます。

② 事業完了報告と交付請求

　事業期間の間に、試作品開発や設備投資の実施など採択された補助金の手続き規定にしたがって補助対象事業を行います。具体的には、採択された事業計画どおりに設備投資などの対象経費を支出して事業を進めることになります。

　その間は、あらかじめ事務手続きの手引きなどで細かく定められた方法で、複数の見積書をとったり、請求書、領収書をはじめとした支出関連の証拠書類を規定どおりに保存したりすることが求められます。

　特につなぎ融資を行っている場合などは、事業者が補助金を確実に受け取ることができないと返済原資がなくなってしまいますので、与信管理の観点からもフォローが必要です。

　この間にきちんと必要書類を整えておかずに後からまとめて行おうとすると請求の際の準備が大変になります。期限までに完了報告書提出と請求を行わないと、最悪の場合は補助金が交付されない結果になることもありますので注意を促します。

③ 変更届の提出

　採択を受けた事業計画書どおりに対象事業を実行することが原則ですが、計画に変更が生じた場合、軽微な変更を除いて、原則として「変更届け」の提出・承認が必要です。計画を勝手に変更すると最終的に補助金が交付されないこともあり得ますので注意が必要です。

(2) 非採択先への対応

　力を入れて支援を行ったのに不採択の結果となるのは非常に残念なことです。とはいえ、支援先が採択されない結果となるケースは採択率からして十分あり得ます。

　そこで、不採択の場合でも関係が悪化しないようにしたいものです。採択率が低い場合もありますので、あらかじめ、その点を理解していただくことも必要です。

また、不採択となった事業者にどのように対応するかもあらかじめ考えておくべきでしょう。基本的には、事業を延期して同じ補助金の次回公募に再度チャレンジをするか、あきらめて補助金なしで事業に着手することを決断するかどちらかです。
　どちらにしても、事業者の要望を考慮しつつ、引き続き金融機関としてできるだけの支援姿勢を示していくことが大切です。

(3) 定期報告等その後のフォローアップ

　補助金に採択され、実際に交付を受けた後も原則5年間、毎年1回、報告書の提出が義務づけられています。
　報告書はそれほど複雑なものではありませんので、事業者自身で作成できるでしょう。とはいえ、金融機関としては決算書の入手や定期訪問のきっかけにもなりますので、フォローしていくことが望まれます。
　そのためには、報告手続きの内容も把握しておくことが必要です。具体的には補助事業の状況把握のため、決算内容の説明や利益額などの計数の報告が主に求められます。

(4) 資金需要への対応

① 事業性評価融資の推進

　金融機関として、補助金申請支援のねらいは事業者と継続的な取引関係を構築し、資金需要にも応えることです。
　金融機関は補助金活用支援を通じて対象事業についてよく理解できるため、その後の資金需要に対しても事業性評価融資の一環としての支援対象になるでしょう。

● 図表3-29　補助金支援先事業者に関する融資例 ●

種類	使途	金額（百万円）	期間	返済原資	担保等
つなぎ	補助金つなぎ資金	10	9ヵ月	補助金交付	なし、プロパー
設備	生産力増強設備資金	30	5年	償却前利益	不動産、プロパー
運転	売上増加運転資金	5	1年	売掛金回収	なし、プロパー

② つなぎ資金

　具体的に発生が予想される資金需要として、第一につなぎ資金があります。補助金は採択されても、まずは自己資金によって設備投資や開発などの対象事業を進めなければなりません。

　補助金の交付は、採択されたとしても後払いかつ対象費用の一部になります。実際の交付までは自己資金で賄うことが必要です。それまでの1年前後の期間に自己資金が不足する場合、資金調達が必要となります。

　それに対して、補助金支払いまでのつなぎ資金融資の支援が可能です。補助金交付決定の範囲内であれば回収がほぼ確実なので、与信取引の新規先に対しても金融機関としては支援しやすいでしょう。

③ 設備資金

　設備投資が対象になる補助金も多いですが、必要資金のすべてを補助金で賄えるわけではないので、補助金対象事業に関して設備資金需要が発生する場合も多いといえます。

　また、設備資金は金額もある程度まとまったものになり、長期に渡って必要な資金です。資金使途も具体的で明確になります。したがって、金融機関としてもリスクはあるものの、融資対象として検討に値します。

　長期の与信になりますので、補助金の対象事業計画だけではなく、企業全体としての財務内容など返済能力を中心に総合的な与信判断が必要となるでしょう。

④　増加運転資金

　補助金の対象事業がスタートすると新たな事業として運転資金が必要になります。特に順調に売上があがることで、その後に発生する前向きな運転資金は金融機関として是非支援したいところです。

　企業全体の財務状況から判断することになりますが、金融機関として補助金活用支援を行った企業については、対象事業が新規事業だとしてもその内容を理解できているはずです。

　また、補助金に採択されたのであれば、事業化初期の赤字も補助金によって少なくとも一部を賄えることになります。事業性評価融資の一環としても支援の可能性は十分考えられるでしょう。

(5)　対象事業推進の支援

①　販路開拓、顧客獲得の支援

　補助金の対象事業は事業者にとって新たな事業となります。また、補助金に採択されるような新規性がある事業ですから、販売先や顧客、ユーザーの新規開拓が重要といえます。

　そこで、多くの既存取引先をもつ金融機関としては、販路拡大や顧客開拓の支援で役立てる機会を活かすべきでしょう。対象事業者にとっても、補助金獲得に対する支援だけでなく、売上拡大など事業そのものの成功へ向けた支援は非常にありがたいものです。

　具体的には、顧客候補になる取引先を個別に紹介する他、行内で実施する異業種交流会など既存顧客のイベントへの招待、金融機関が協賛する展示会・交流会などへの参加呼びかけなどが考えられます。

　いずれの場合も対象事業者の事業によくマッチし、相手先にとってもプラスになるタイムリーな紹介を行うことが成功のポイントです。うまくいけば、対象事業者との信頼関係も一層強固なものになるはずです。

　また、金融機関のもつネットワークで対象事業の事業者や製品の広報・PRへの協力もできる場合があるでしょう。

② 事業パートナーの紹介

　対象事業者にとって、販売先やユーザーなどの顧客だけでなく、技術提携先、原材料仕入先、外注先などの紹介も求めている場合があります。金融機関としても既存取引先の中から、そのような紹介やマッチングができれば、対象事業の進展にとってプラスになるだけでなく、紹介したその取引先からも感謝されます。

　それ以外でも、対象事業者には人材確保、拠点拡大等の事業展開にあたって様々なニーズが考えられます。既存取引先に対する支援と同様に金融機関の既存取引先などのネットワークを駆使して、支援していくことが求められます。対象事業者は補助金に採択された前向きな企業として支援のしがいもあるともいえるでしょう。

(6) 外部専門家によるフォロー

　中小企業診断士をはじめとした士業やコンサルタントに申請書類作成を依頼した場合、原則として採択後のフォローもしてもらえることが期待できます。書類提出の準備やその後の交付請求、完了報告や定期報告など、どこまで支援してもらえるのか、契約上に明記されるはずですので、最初の依頼時点での契約の際に確認します。

　金融機関として専門家に紹介する際にはその点まで確認し、対象事業者にアドバイスをしておくとよいでしょう。

第4章
主な補助金等の仕組み

■ 第1節　ものづくり・商業・サービス生産性向上促進補助金
■ 第2節　小規模事業者持続化補助金
■ 第3節　その他補助金の概要
■ 第4節　法認定制度の活用

第1節

ものづくり・商業・サービス生産性向上促進補助金

　ものづくり補助金は毎年全国で1万件あまりが採択される国の代表的な補助金で、中小企業者等が行う「革新的サービス開発・試作品開発・生産プロセスの改善」のための設備投資等の支援を目的にしています。採択率約40％の中に選ばれるには、事業の革新性、実現性、収益性などの審査ポイントを踏まえた事業計画書の作成が必要です（なお、本書では過去の事例にもとづいて紹介しているが、詳細は毎年度変更されるため、実際に申請する際の公募要領を確認のうえ、作成を行うこと）。

01 ものづくり補助金の概要

(1) 補助金の目的と背景

① 目的

　平成30年度補正予算では「ものづくり・商業・サービス生産性向上促進補助金」（以下、「ものづくり補助金」という）の名称で公募が行われました。

　公募要領における目的として、「中小企業・小規模事業者等が取り組む生産性向上に資する革新的サービス開発・試作品開発・生産プロセスの改

善を行うための設備投資等の一部の支援（一部抜粋）」とされています。

② 背景

　ものづくり補助金は、経済産業省（中小企業庁）が所管する国の代表的な中小企業向け補助金です。平成24年度以降、毎年度補正予算の成立とともに総額1,000億円規模で予算化されています。

　対象事業者は当初は製造業に限られましたが、現在は商業、サービス業も対象となっており、補助金の名称、対象事業者や補助類型なども部分的に改定されながら、毎年度継続されています。平成29年度補正予算での公募では1次、2次合計で11,989件が採択されました。

(2) 補助対象者と補助対象事業

　補助対象者、補助対象事業（対象類型、事業類型）、補助上限額、補助率など以下の項目は平成30年度補正予算における公募要領にもとづいています。実際には応募申請する際の公募要領を確認してください。

① 補助対象者

　「日本国内に本社及び実施場所を有する中小企業者（みなし大企業を除く[注1]）」および「特定非営利活動法人（一定要件あり[注2]）」とされています。

　大企業の子会社などを除き、一般の中小企業は個人事業者も含めて業種を問わず幅広く対象になります。

（注1）【みなし大企業の定義】
次の（1）〜（3）のいずれかに該当する者
（1）発行済株式の総数または出資価格の総額の2分の1以上を同一の大企業が所有している中小企業者。
（2）発行済株式の総数または出資価格の総額の3分の2以上を大企業が所有している中小企業者。
（3）大企業の役員または職員を兼ねている者が役員総数の2分の1以上を占めている中小企業者。

（注2）【特定非営利活動法人における要件】
（1）広く中小企業一般の振興・発展に直結し得る活動を行う特定非営利活動法人であること。
（2）従業員数が中小企業者の範囲にあてはまること。

② 補助対象事業

平成30年度補正予算での公募では、「対象類型」として「革新的サービス」と「ものづくり技術」の２類型にわかれており、どちらかを選択して応募申請します。いずれも、複数の中小企業者等による共同申請が可能です。

また、それぞれの対象類型が、「一般型」、「小規模型」の２つの「事業類型」にわかれています。このうち「小規模型」は、設備投資が必須である「設備投資のみ」の場合と、設備投資も可能な（必須ではない）「試作開発等」の２種類となっています。

③ 補助額、補助率

補助額は、一般型100～1,000万円、小規模型100～500万円です。補助率はどの類型でも原則２分の１以内です。補助額や補助率については、原則以外に例外規定がいくつかあります。

また、年度ごとに変更があるので応募時点の公募要領で細かいところもよく確認することが重要です。たとえば、小規模企業者等の補助率３分の２以内へ引上げなどがあります。

● 図表4-1　ものづくり補助金の対象類型概要 ●

【革新的サービス】

「中小サービス事業者の生産性向上のためのガイドライン」で示された方法で行う革新的なサービスの創出・サービス提供プロセスの改善であり、３～５年計画で、「付加価値額[注1]」年率３％及び「経常利益[注2]」年率１％の向上を達成する計画であること。

【ものづくり技術】

「中小ものづくり高度化法」に基づく特定ものづくり基盤技術を活用した革新的な試作品開発・生産プロセスの改善を行い、３～５年計画で、「付加価値額[注1]」年率３％及び「経常利益[注2]」年率１％の向上を達成する計画であること。

（注１）付加価値額＝営業利益＋人件費＋減価償却費
（注２）経常利益＝営業利益－営業外費用（支払利息・新株発行費等）
出所：平成30年度補正ものづくり補助金「公募要領」より作成

第1節　ものづくり・商業・サービス生産性向上促進補助金

● 図表4-2　ものづくり補助金の事業類型概要 ●

	概要	補助額	補助率
一般型	中小企業者等が行う革新的なサービス開発・試作品開発・生産プロセスの改善に必要な設備投資等を支援	100～1,000万円	1/2以内(注)
小規模型	【設備投資のみ】 小規模な額で中小企業者等が行う革新的サービス開発・生産プロセスの改善を支援 【試作開発等】 小規模な額で中小企業者等が行う試作品開発（設備等を伴わない試作開発等を含む）を支援	100～500万円	1/2以内(注)

（注）中小企業者等に該当の場合は3分の2以内、生産性向上特別措置法にもとづく「先端設備等導入計画」の認定、中小企業等経営強化法に基づく経営革新計画の承認を受けた場合は3分の2以内となる場合がある。
出所：平成30年度補正ものづくり補助金「公募要領」より作成

（3）補助対象経費

　ものづくり補助金の対象経費は設備投資に関するものが中心です。具体的には、一般型と小規模型のうち「設備投資のみ」の場合は、機械装置費、技術導入費、専門家経費、運搬費、クラウド利用費の5種類です。

　ただし、小規模型の「試作開発等」の場合には、さらに、原材料費、外注加工費、委託費、知的財産権等関連経費を加えた9種類が対象です。

　いずれの類型でも、金額が大きい機械装置費をどれだけ組み込めるかが申請にあたってのポイントになります。機械装置費には、専用ソフトウェアの購入や製作など導入に伴う費用も含まれます。たとえば、革新的サービスを提供する新規事業のためのシステム開発費用も対象経費に算入することが可能な場合があります。公募要領で詳細を確認のうえ、不確かな場合は公募事務局に問い合わせるのが確実です。

● 図表4-3　ものづくり補助金の補助対象経費概要 ●

《全事業類型共通》

対象経費の区分	内容
機械装置費	①専ら補助事業のために使用される機械・装置、工具・器具（測定工具・検査工具、電子計算機、デジタル複合機等）の購入、製作、借用に要する経費 ②専ら補助事業のために使用される専用ソフトウェアの購入、借用に要する経費 ③①もしくは②と一体で行う、改良・修繕又は据付けに要する経費
技術導入費 (注1)	本事業遂行のために必要な知的財産権等の導入に要する経費
専門家経費	本事業遂行のために必要な謝金や旅費として、依頼した専門家に支払われる経費
運搬費	運搬料、宅配・郵送料等に要する経費
クラウド利用費	クラウドコンピューティングの利用に関する経費（機械装置費を除く）

《以下は小規模型「試作開発等」の事業類型のみに追加される対象経費》

原材料費	試作品の開発に必要な原材料及び副資材の購入に要する経費
外注加工費 (注2)	試作品の開発に必要な原材料等の再加工・設計及び分析・検査等を外注・依頼等（外注加工先の機器を使って自ら行う場合を含む）を行う場合に外注加工先への支払に要する経費
委託費 (注2)	外部の機関に試作品等の開発の一部を委託する場合の経費
知的財産権等関連経費 (注1)	試作品等の開発、役務の開発・提供方法等と密接に関連し、試作品等の開発成果の事業化にあたり必要となる特許権等の知的財産権等の取得に要する弁理士の手続代行費用や外国特許出願のための翻訳料など知的財産権等取得に関連する経費

（注1）技術導入費、知的財産権等関連経費はそれぞれ上限額＝補助対象経費総額（税抜き）の3分の1
（注2）外注加工費、委託費は、合わせて上限額＝補助対象経費総額（税抜き）の2分の1
出所：平成30年度補正ものづくり補助金「公募要領」より作成

02 公募の実施状況

（1）公募実績とスケジュール

　過去のものづくり補助金はすべて補正予算で行われています。そのた

第1節　ものづくり・商業・サービス生産性向上促進補助金

● 図表4-4　ものづくり補助金の公募実績（平成27年度補正予算以降） ●

	公募期間	採択発表	事業実施期間
平成27年度補正予算 1次公募	H28/2/5～4/13	6/6	交付決定～12/31 （小規模型：～11/30）
同上2次公募	H28/7/8～8/24	10/20	交付決定～12/31
平成28年度補正予算	H28/11/14～ H29/1/17	3/17	交付決定～12/29 （小規模型：～11/30）
平成29年度補正予算 1次公募	H30/2/28～4/27	6/29	交付決定～12/28 （小規模型：～11/30）
同上2次公募	H30/8/3～9/18	10/29	交付決定～H31/1/31
平成30年度補正※	1次締切： H31/2/18～2/23 2次締切： ～R1/5/8	H31/3 R1/6	交付決定～ R1/12/27 （小規模型：～11/29）

（注）平成31年3月20日現在、2次公募は未定
出所：中小企業庁ホームページより作成

● 図表4-5　ものづくり補助金の採択件数・採択率推移 ●

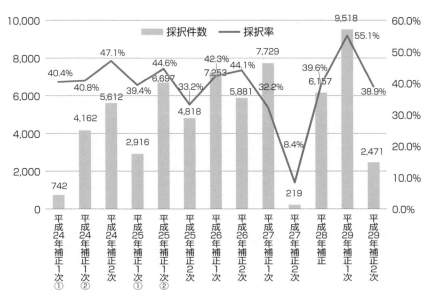

出所：中小企業庁ホームページより作成

め、公募時期も補正予算が成立する例年2月末頃の1次公募と7〜9月頃の2次公募の2回行われる場合が多いようです（図表4-4参照）。

公募期間は通常約2ヵ月間ですが、1ヵ月あまりと短いこともあります。公募開始後に準備をはじめたのでは間に合わないケースもあるでしょう。公募開始時期の情報収集に日頃から努め、あらかじめ準備を進めておくことが望ましいといえます。

● 図表4-6　ものづくり補助金の仕組みと手続きの流れ ●

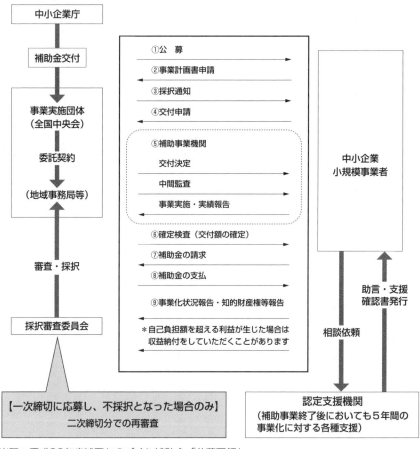

出所：平成30年度補正ものづくり補助金「公募要領」

(2) 採択率の推移

ものづくり補助金の採択率は過去の実績からみると40％前後です（図表4-5参照）。応募全体の半数以上が不採択になる可能性がある点は、支援先にもあらかじめ認識しておいてもらう必要があるでしょう。

(3) 公募から採択後手続きの流れ

ものづくり補助金の審査は書類審査のみです。締切から2ヵ月程度で採択結果が発表され、通知されます。

採択後、交付申請を行うと交付決定が受けられ、交付決定日以降に初めて事業開始ができます。交付決定日以前に設備の購入契約や支払いを行うと補助金の対象外になってしまいますので特に注意が必要です。

その後も含め、対象経費の事務手続きは細かく定められています。採択者に対する説明会や手続きマニュアルにしたがって正確に行う必要があります。

補助金の交付請求を行うための報告書の作成には、証拠書類の整備にかなり手間がかかります。特に対象経費に関わる見積書、請求書、検収書、領収書、その他は最後にまとめて揃えようとするととても大変ですので、その都度整理しておくようにアドバイスします。

03 採択へ向けた対象事業の留意点

(1) 対象事業となる設備投資について

小規模型（試作開発等）以外の類型は設備投資が必須条件です。補助対象経費も設備投資に関するものが中心になります。

ただし、単に既存事業や従来の延長の設備投資を行うだけでは対象事業にはなりません。あくまで、「革新的なサービスの創出・サービス提供プ

ロセスの改善」（革新的サービス）、または「革新的な試作品開発・生産プロセスの改善」（ものづくり技術）であることが必要です。

つまり、設備投資は手段であり、設備投資によって新たに革新的なことを始めるのが対象事業になります。そして、革新性が高い事業ほど審査では評価されることになります。

商業・サービス業も対象とはいえ、採択実績のうち多くが製造業です。小規模型（試作開発等）以外の事業類型では設備投資が必要で、対象経費も機械装置費などに限られているためです。

とはいえ、サービス自体に設備が必要な業種でも、応募が考えられます。

また、IT系サービス業がシステム開発費用を機械装置費として対象経費に算入し、新しいプラットフォームサービスを事業化する計画なども考えられます。

(2) 対象類型の選択について

① 製造業

製造業であれば、対象事業が、ものづくり高度化法で定められた12分野のものづくり基盤技術のいずれかに該当すれば、「特定ものづくり基盤技術」で応募申請が可能です。12分野それぞれの内容は公募要領にも記載されていますので、詳細を確認します。なお、製造業でも「革新的サービ

● 図表4-7　特定ものづくり基盤技術の12分野 ●

1	デザイン開発に係る技術	7	表面処理に係る技術
2	情報処理に係る技術	8	機械制御に係る技術
3	精密加工に係る技術	9	複合・新機能材料に係る技術
4	製造環境に係る技術	10	材料製造プロセスに係る技術
5	接合・実装に係る技術	11	バイオに係る技術
6	立体造形に係る技術	12	測定計測に係る技術

出所：中小企業庁「中小企業の特定ものづくり基盤技術の高度化に関する指針」

ス」での応募も可能です。

　申請書類の事業計画書の中で該当する項目に☑を付します（複数選択可）。形式不備は審査対象外として不採択になりますので要注意です。

② **商業・サービス業等**

　商業、サービス業等の場合は「革新的サービス」を選択します。ただし、設備投資が中心でかつ革新的な新規事業だけに用いるものが対象ですので、対象がある程度限られるでしょう。

　「中小サービス事業者の生産性向上のためのガイドライン（以下、「ガイドライン」という）」で示された方法で行う革新的なサービスの創出・サービス提供プロセスの改善であり、ガイドラインにある10の方法のいずれか（複数でも可）を選択することが必要です。

　また、3～5年計画で、「付加価値額」年率3％および「経常利益」年率1％の向上を達成する計画とします。

● 図表4-8　中小サービス事業者の生産性向上のための具体的手法 ●

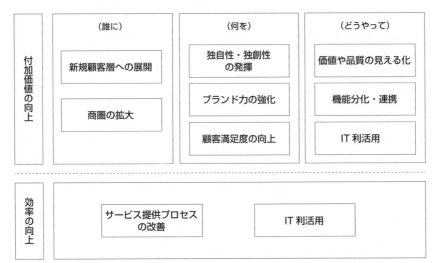

出所：経済産業省「中小サービス事業者の生産性向上のためのガイドライン」より作成

(3) 審査ポイントと留意点

① 補助対象外事業

まず、公募要領にある補助対象外事業に該当しないことが大前提です。公募要領では、たとえば「事業の主たる課題の解決そのものを外注又は委託する事業」や「試作品等の製造・開発の全てを他社に委託し、企画だけを行う事業」などを補助対象外事業としてあげています。

また、異なる類型の様式で申請書を作成した場合など形式不備の場合も該当します。補助対象外事業に該当すると、それだけで採択されないことになるので充分注意が必要です。

● 図表4-9　ものづくり補助金の審査項目 ●

技術面
① 新製品・新技術・新サービスの革新的な開発となっているか。
② サービス・試作品等の開発における課題が明確か、補助事業の目標達成度を明確に設定しているか。
③ 課題の解決方法が明確かつ妥当であり、優位性が見込まれるか。
④ 実施のための体制及び技術的能力が備わっているか。

事業化面
① 事業実施のための体制（人材等）や財務状況等から、補助事業を適切に遂行できるか。金融機関等からの十分な資金の調達が見込めるか。
② 事業化に向けて、市場ニーズ、ユーザー、マーケット及び市場規模が明確か。
③ 価格的・性能的に優位性や収益性を有するか、事業化方法・スケジュールが妥当か。
④ 補助事業として費用対効果が高いか。

政策面
① 他企業のモデルとなるとともに、国の方針（賃金上昇の取組み等）と整合性を持ち、地域経済と雇用支援につながるか。
② 中小企業・小規模事業者の競争力強化につながる経営資源の蓄積につながるか。

出所：平成30年度補正ものづくり補助金「公募要領」より作成

② 審査項目

　ものづくり補助金では事業計画書の内容に対する「審査項目」が公募要領に明記されています。「審査項目」に沿って事業計画書を作成することが最も重要です。補助対象事業としての適格性といった形式要件に加え、技術面、事業化面、政策面のそれぞれについて複数の審査員で点数評価にもとづいた審査が行われるようです。

(4) 審査における加点項目について

　下記要件のいずれかを満たせば審査上加点され、その分確実に有利になります。なるべく充足したいものです。
　このうち法認定の取得については、加点だけではなく、補助率が原則の2分の1から3分の2へ拡大される場合があります。
　ただし、法認定はものづくり補助金の事業計画と同時に新たに取得する場合や有効期間内のものが対象になりますので、タイミングが重要です。
　いずれの項目も証拠書類提出が必要です。形式審査は厳格ですので書類不備にならないよう準備します。

● 図表4-10　ものづくり補助金の加点項目 ●

(1) 法令に基づく各種取得計画
　①先端設備等導入計画の認定取得
　②経営革新計画の承認取得
　③経営力向上計画の認定取得
　④地域経済牽引事業計画の承認取得
(2) 総賃金の1％賃上げ等の実施状況
(3) 小規模企業者・小規模事業者
(4) 購入型クラウドファンディングで一定規模以上の支援金額を集めた企業

出所：平成30年度補正ものづくり補助金「公募要領」より作成

04 金融機関としての支援策

(1) 支援対象先の選定

① 一定の財務基盤

新規事業に対する設備投資が必須のため、補助金によって資金の一部が賄えるとしても、一定のリスクに耐えられる既存事業の実績や財務基盤がある企業が望ましいでしょう。個人事業主や新規創業企業でも申請できますが、財務内容が安定している事業者のほうが審査上も有利です。

② 事業計画の革新性と実現性

革新性や実現性が認められる対象事業を優先的に支援すべきでしょう。また、単なる設備導入や設備の更新ではなく、革新的な新規事業のための設備投資計画であることが必要です。

ものづくり補助金の採択率は40％前後と決して高くはありません。支援先を選ぶには採択可能性を踏まえて選定するべきでしょう。

● 図表4-11　事業計画書様式にある「(4)事業の具体的な内容」の項目 ●

革新的サービス その1：革新的なサービスの創出・サービス提供プロセスの改善の具体的な取組内容 その2：将来の展望（本事業の成果の事業化に向けて想定している内容及び期待される効果）
ものづくり技術 その1：革新的な試作品開発・生産プロセスの改善の具体的な取組内容 その2：将来の展望（本事業の成果の事業化に向けて想定している内容及び期待される効果）

出所：平成30年度補正ものづくり補助金「公募要領」より作成

(2) 申請書類作成支援のポイント

① 事業計画書作成の具体的アドバイス

㋐「(1)事業計画名」(30字程度)の書き方

事業計画名は審査上、始めに読まれる部分であり、第一印象となるので

● 図表4-12 「(4)事業の具体的な内容」(革新的サービス)の項目・見出しの例 ●

```
(4) 事業の具体的な内容
 その1:革新的なサービスの創出・サービス提供プロセスの改善の具体的な
       取組内容
 (1) 既存事業の概要
    【当社の事業概要】
    <沿革><代表者略歴><経営理念><業績推移>
 (2) 革新的新サービスの概要
    【対象事業所の概要】
    【対象事業内容】【設備投資内容】
    【具体的なサービス革新内容】
 (3) 革新的新サービスの技術的課題と解決策
    【設備内容面】【プロセス面】【設備運用面】【技術力向上面】
 (4) 革新的新サービスの実施体制とスケジュール
    【運営チーム体制】【運営責任者】 <責任者・担当者プロフィール>
    【新サービス開始までの準備スケジュール】
 (5) 革新的サービスの優位性(まとめ)
    【新規性・独創性(他社との違い)】
    【優位性・メリット(他社に対する優位性)】
    【技術的優位性】

 その2:将来の展望(本事業の成果の事業化に向けて想定している内容及び
       期待される効果)
 (1) 事業化における市場ニーズ
    【市場ニーズ・市場規模】、【商圏・競合状況】
    【ターゲット数と潜在ニーズ】、【対象となる具体的ニーズ例】
 (2) 今後の展望
    【集客/受注拡大体制】、【当面~将来の展望】
    【5年損益計画および付加価値成長および新規雇用】 (詳細別紙)
    【経営資源の蓄積と設備活用の効率化】
```

重要です。できれば事業計画名を読んだだけで革新性が明確にわかるように、事業の特色や目的を短い文章に盛り込んだ名称にします。なお、この事業計画名は採択されると事業者名とともに公表されます。

㋑「(2)事業計画の概要」(100字程度)の書き方

「事業計画名」をもとにもう少し具体的に説明するイメージで、現状の課題とそれに対する事業の実施効果について記載します。ただし、本項目には公表されたくない内容は記載しないようにします。

㋒「(4)事業の具体的な内容」の書き方

事業計画書の本文にあたる「(4)事業の具体的な内容」が主に内容の審査が行われる重要な部分となります。ここに何をどう記載するかによって、採択の合否が決まるといってもよいでしょう。

そこで、公募要領の「応募申請書類の記入・提出にかかる留意点」に記載されている注意事項をよく読み、それにしたがって具体的に記載します。

ただし、公募要領にある「事業計画書」の様式で示されている項目は、**図表4-11**の「その1」「その2」の大項目だけです。

そこで、項目や見出しを自分で考える必要があり、この見出しを的確に作成することが重要になります。審査項目を意識して作成します。

㋓計数計画(損益計画)の作り方

申請様式にある「会社全体の事業計画」には、応募条件である3〜5年計画で「付加価値額」年率3％および「経常利益」年率1％の向上を達成する計画として作成します。

なお、この表だけではなく、もとになる売上高や費用の内訳など根拠の明示が必要です。損益計画の全体詳細を別紙で添付するようにします。

【計数計画(損益計画)のポイント】
・収益、費用とも既存事業と補助金対象事業の損益をわけて表示する
・売上計画の内訳根拠を示す(顧客数、単価、件数、など)
・当初1〜2年は赤字でも、その後の黒字転換に無理がない計画

第1節　ものづくり・商業・サービス生産性向上促進補助金

● 図表4-13　「会社全体の事業計画」の書式 ●

○**会社全体の事業計画**※特定非営利活動法人が単独で申請する場合は法人税法上の収益事業の事業計画を記載　　　　（単位：円）

	直近期末※1 [　年　月期]	1年後※1 （補助金事業 実施年度末） [　年　月期]	2年後 [　年　月期]	3年後 [　年　月期]	4年後 [　年　月期]	5年後 [　年　月期]
① 売　上　高						
② 営　業　利　益						
③ 営　業　外　費　用						
経営利益※2（②−③）						
伸び率（％）※3						
④ 人　件　費						
⑤ 減価償却費						
付加価値額（②+④+⑤）						
伸び率（％）※3						
⑥ 設備投資額※4						

※「経常利益」「付加価値額」の伸び率が、3年間で所要の数値（それぞれ3％、9％）を達成していれば、4年目、5年目については記載の必要はございません。

※1　「直近期末」は補助金事業実施の前年度期末決算（実績又は見込み）、「1年後（補助金事業実施年度末）」は、直近期末の1年後で補助金事業実施を実施した年度の決算（計画）を指します。また、創業まもなく、当該年度の期末を迎えていない場合は、直近期末欄に応募時点の見込み数値を記入し、1年後以降の計画額（見通し）を記入してください。
※2　経常利益の算出は、営業外収益を含めません。
※3　伸び率は、<u>直近期末</u>を基準に計算してください（前年同期比ではありません）。小数点第2位以下は切り捨てのこと。
※4　補助事業実施年度に会社全体での設備の取得価額の合計額を記入してください。

出所：平成30年度補正ものづくり補助金「公募要領」

② 審査項目からみたブラッシュアップ

　事業計画書の下書きができたら、改めて下記の観点から見直しを行い、ブラッシュアップを行います。

【事業計画のブラッシュアップの観点】
・必要な項目がもれなくすべて記載されているか
・審査項目にある要素が明確に記載されているか（項目、見出し）
・具体的、客観的に記載されているか（事実、固有名詞、数字、日付）
・わかりやすく記載されているか（文章、箇条書き、用語、図表、写真）

③ 外部機関・専門家の紹介

　金融機関としては事業計画書の作成について認定支援機関としてアドバイスを行うとしても、支援先が独力で作成することが難しい場合もあるでしょう。その際には支援先からの希望があれば、自行が連携する士業など専門家を紹介することが考えられます。事業計画書をはじめとした申請書

● 図表4-14　認定支援機関による「確認書」の様式記入欄 ●

（1）競争力強化が見込まれる事項と主たる理由

競争力の強化が見込まれる事項	主たる理由（事業計画に対する改善提案の経緯等も記載してください）
① 生産コスト面での競争力強化が期待できる	
② 製造能力面（リードタイムを含む）での競争力強化が期待できる	
③ 品質、性能、機能、デザイン等の面での競争力強化が期待できる	
④ 製品・サービスに新規性があり市場訴求力の高さが期待できる	
⑤ 対象とする市場について今後の進展が期待できる	
⑥ ユーザー（市場・消費者等を含む）のニーズを捉えた開発・投資で販売の進展が期待できる	
⑦ 資金計画の確実性（金融機関からの理解が得られている等）が期待できる	
⑧ その他（　　　　　　　　　　　　）	

（2）支援計画についての誓約

時　期	目標とする事業化段階	支援計画（予定）
補助事業実施期間中		
補助事業終了1年後		
補助事業終了2年後		
補助事業終了3年後		
補助事業終了4年後		
補助事業終了5年後		

事業化段階	定　義
第1段階	製品・サービス等の販売活動に関する宣伝等を行っている
第2段階	注文（契約）が取れている
第3段階	製品・サービス等が1つ以上販売されている
第4段階	継続的に販売実績はあるが利益は上がっていない
第5段階	継続的に販売実績があり利益が上がっている

出所：平成30年度補正ものづくり補助金「公募要領」

類作成の料金として、定額の着手金と採択された場合に採択金額に応じて支払う成果報酬契約が一般的です。

(3) 認定支援機関の確認書作成

ものづくり補助金は、認定支援機関の支援が前提となっています。

具体的には事業計画書に対する「認定支援機関による競争力強化並びに支援に関する確認書（以下、「確認書」という）」の作成が義務づけられています。

ポイントは下記のとおりです。事業計画作成へのアドバイスなど関与度合いが強い方が評価されます。

① 「(1) 競争力強化が見込まれる事項と主たる理由」の記載

競争力の強化が見込まれる事項（上位3項目以上）をあげ、その理由を記載します。第三者の立場で事実にもとづき、客観的、具体的に記載することが大切です。

② 「(2) 支援計画についての誓約」

ものづくり補助金では、認定支援機関が応募申請だけでなく、採択後の手続きも支援し、最終的には5年間の報告期間が終了するまでは、事業化の支援を行う建前になっています。金融機関としては、すぐに与信が発生しない場合などでも、認定支援機関として継続的な成長支援を行うことが期待されます。

「支援計画についての誓約」の欄には、事業化状況の進捗について5段階のうち、1年ごとに何段階までを目標とするか記載します。

なお、ものづくり補助金事業では「補助事業終了後5年以内に第3段階を達成すること」が必須目標とされています。

また、補助事業終了後も含め、認定支援機関としてどのような支援を行う計画かを記載します。採択後の支援計画をできるだけ具体的に書くことがポイントです。

● 図表4-15　ものづくり補助金の採択事例 ●

申請者名称	法人番号	事業計画名
ダイテック竜洋株式会社	1080401016347	ワイヤ放電加工の内製化による高精度化で生産性向上と顧客要望の実現
三恵株式会社	4180001045460	射出成形における生産プロセス改善および新加工技術の確立
株式会社富士セラミックス	3080101011753	高性能医療用超音波プローブ素子の開発
株式会社カネヨシ水産	2080001014733	鰻の太化への対応と簡便性を高めた鰻商品の開発と生産体制の確立
有限会社竹泉浜北店	7080402015160	急速凍結機導入による旬の地場水揚げ食材を使った限定弁当シリーズ開発と安定供給の実現
株式会社中部衛生検査センター	5080001013427	翌日報告を可能にする『食品の超短納期微生物同定サービス』の開始
西誠株式会社	8080401009708	新設備導入による小ロット部品の工数削減と高精度化を実現する
株式会社石橋鉄工所	4080001007603	新たな溶接用ロボットにおける試作のIT化および量産体制の革新
株式会社荒畑園	4080001013766	国内初の「機能性表示食品」を取得した国産プーアール茶の開発と展開
三立興業株式会社	5080001013501	樹脂溶融ガスを排除したリフレクター（反射板）の成形技術の確立
有限会社望月機械製作所	7080002011436	高能率NCフライス導入による溶接品質及び生産性の向上
有限会社石橋製作所	6080102009430	プレス用金型の「コマ」製造工程改善による製品の即応能力性の向上
アイパックスイケタニ株式会社	9080101011236	色管理システムおよび枚葉検査機の導入による生産効率向上と印刷品質向上
株式会社チューセイ	1080001018677	金型加工の高度化と成形加工能力拡大に資する生産プロセスの革新への取組み
有限会社サンワテック	9080402018640	2Dデータで培った組付け・組立技術を、3Dデータへの対応にて更なる深化を目指す。
丸幸製茶株式会社	9080401014847	地域色のあるお茶『CHA－IKI』の海外ブランド展開
日本物流株式会社	8080001016666	再生PSペレットの需要拡大に対応するペレット生産工程の内製化
株式会社スグロ鉄工	4080101003287	IoTシステムを導入したコアピン製造プロセス改善による生産性向上事業
株式会社渥美	5080401013514	マーキングペン先・高効率生産体制確立のための画像検査装置導入

出所：全国中小企業団体中央会
「平成29年度補正予算ものづくり・商業・サービス経営力向上支援補助金」の二次公募の採択案件一覧（静岡県の採択案件より作成）

05 採択事例

 ものづくり補助金の採択結果は中小企業庁のホームページで発表されます。過去の採択者も事業者名、事業計画名、認定支援機関名等が一覧表として公表されています。

第2節 小規模事業者持続化補助金

小規模事業者持続化補助金（以下、「持続化補助金」という）は、小規模事業者の地道な販路開拓等の取組みを支援するための補助金です。金額は比較的少額ですが、対象は幅広く、申請にあたっては全国の商工会もしくは商工会議所の支援を前提としています。自社の強みを活かし、顧客ニーズを的確にとらえた経営方針をもとにした具体的で効果的な計画策定が採択のポイントです。

01 持続化補助金の概要と特色

（1）補助金の目的と概要

① 持続化補助金の目的

　持続化補助金の目的は、「持続的な経営に向けた経営計画に基づく、小規模事業者の地道な販路開拓等の取り組み（例：新たな市場への参入に向けた売り方の工夫や新たな顧客層の獲得に向けた商品の改良・開発等）や、地道な販路開拓等とあわせて行う業務効率化（生産性向上）の取り組みを支援する」（一部抜粋）と公募要領に書かれています。

　一言でいうと、「売上高の継続的確保と収益力向上のための新たな取り組み」に対する補助金ということです。

② 特色

　小規模事業者に限定して、販路開拓など広い意味でのマーケティングと業務効率化における新たな工夫に対して幅広く支援する補助金といえます。

　また、補助金申請書類作成は小規模事業者の独力では難しい面もあります。そこで、地域の商工会もしくは商工会議所の指導員や専門家からアドバイスを受けながら計画書を作成し、その計画内容について確認を受けたうえで申請する形式の補助金です。

(2) 対象者・対象事業と対象経費

① 業種・組織形態・業歴

　小規模事業者に該当すればほぼ全業種が対象です。会社および個人事業主、各種組合が対象になります。業歴に制約はなく、新規創業者も会社設立か開業届出済であれば応募できます。

● 図表4-16　小規模事業者の定義 ●

業種	常時使用する従業員の数
卸売業・小売業	5人以下
サービス業（宿泊業・娯楽業以外）	5人以下
サービス業のうち宿泊業・娯楽業	20人以下
製造業その他	20人以下

② 対象事業・補助率

　ホームページ作成、新製品・新メニューの開発、店舗の簡単な改装、その他販売促進策など主に新たに行う集客拡大、販売促進と関連して行う業務効率化のための様々な活動が対象事業として考えられます。

● 図表4-17　持続化補助金の補助対象経費内容 ●

①機械装置等費	事業の遂行に必要な機械装置等の購入に要する経費
②広報費	パンフレット・ポスター・チラシ等を作成するため、および広報媒体等を活用するために支払われる経費
③展示会等出展費	新商品等を展示会等に出展または商談会に参加するために要する経費
④旅費	事業の遂行に必要な情報収集（単なる視察・セミナー研修等参加は除く）や各種調査を行うため、および販路開拓（展示会等の会場との往復を含む）等のための旅費
⑤開発費	新商品の試作品や包装パッケージの試作開発にともなう原材料、設計、デザイン、製造、改良、加工するために支払われる経費
⑥資料購入費	事業遂行に必要不可欠な図書等を購入するために支払われる経費
⑦雑役務費	事業遂行に必要な業務・事務を補助するために補助事業期間中に臨時的に雇い入れた者のアルバイト代、派遣労働者の派遣料、交通費として支払われる経費
⑧借料	事業遂行に直接必要な機器・設備等のリース料・レンタル料として支払われる経費
⑨専門家謝金	事業の遂行に必要な指導・助言を受けるために依頼した専門家等に謝礼として支払われる経費
⑩専門家旅費	事業の遂行に必要な指導・助言等を依頼した専門家等に支払われる旅費
⑪車両購入費	買物弱者対策に取り組む事業で、買物弱者の居住する地区で移動販売、宅配事業等をするための手段として必要不可欠な車両の購入に必要な経費
⑫設備処分費	販路開拓の取組みを行うための作業スペースを拡大する等の目的で、当該事業者自身が所有する死蔵の設備機器等を廃棄・処分する、または借りていた設備機器等を返却する際に修理・原状回復するのに必要な経費
⑬委託費	上記①から⑫に該当しない経費であって、事業遂行に必要な業務の一部を第三者に委託（委任）するために支払われる経費（市場調査等についてコンサルタント会社等を活用する等、自ら実行することが困難な業務に限る）
⑭外注費	上記①から⑬に該当しない経費であって、事業遂行に必要な業務の一部を第三者に外注（請負）するために支払われる経費（店舗の改装等、自ら実行することが困難な業務に限る）

出所：平成29年度補正予算小規模事業者持続化補助金「公募要領」より作成

補助率は3分の2で補助上限額は50万円と比較的少額ですが、対象経費もかなり広範囲に使える点が特色です。

③ 補助対象経費

図表4-17の14種が対象経費です。各費目共通の留意点は、既存の事業など補助対象事業以外にも流用できる汎用性のある経費は補助対象外であるということです。たとえば、対象事業の商品パンフレットの費用は対象ですが、会社案内の費用は対象外になります。PCやタブレット端末なども幅広く使えるので、対象外です。

02 公募の実施状況

（1）公募実績とスケジュール

平成25年度補正予算以降、毎年継続的に公募が行われています。平成29年度補正予算では、全国で26,910件の応募に対して18,500件あまりの事業者が採択されました。

これまでの公募は毎年度の補正予算で行われています。補正予算が成立する2月下旬の後の2月末から3月にかけて公募が開始されることが多いようです。また、公募期間は通常2ヵ月間程度ですが、1ヵ月あまりと短い場合もあります。いずれにしても、時期が近づいたら公募開始を常にウォッチしておく必要があるでしょう。

（2）採択率

過去の採択率は公表されていませんが、以前はかなり低い20～30%前後といわれていました。ただし、平成29年度補正予算での採択結果を試算すると約69%と比較的高いものでした。今後も予算規模や公募スケジュール次第で採択率はかなり変動するものと考えられます。

(3) 商工会議所等への確認書依頼

申請書類提出時に地域の商工会もしくは商工会議所に確認書を作成、押印してもらう必要があります。公募期間は約2ヵ月程度ありますが、締切までに時間的余裕をもって申請書類を作成することが必要です。

また、作成の初期段階から商工会議所等に事前の相談を行うことも可能ですので、それによって計画をブラッシュアップすることができます。

● 図表4-18　持続化補助金の公募実績（平成26年度補正予算以降） ●

	公募期間	採択発表	事業期間
平成26年度補正予算 1次締切	H27/2/27～3/27	4/30	交付決定～10/31
平成26年度補正予算 2次締切	H27/3/28～5/27	7/3	交付決定～11/30
平成26年度補正予算 追加公募	H27/7/3～7/31	9/11	交付決定～12/31
平成27年度補正予算	H28/2/26～5/13	7/15	交付決定～12/31
平成28年度2次補正予算	H28/11/4～H29/1/27	3/17	交付決定～12/31
平成28年度2次補正予算 追加公募	H29/4/14～5/31	7/27	交付決定～12/31
平成29年度補正予算	H30/3/9～5/18	7/19	交付決定～12/31

出所：中小企業庁ホームページより作成

第2節　小規模事業者持続化補助金

● 図表4-19　持続化補助金の事業のスキーム（日本商工会議所）●

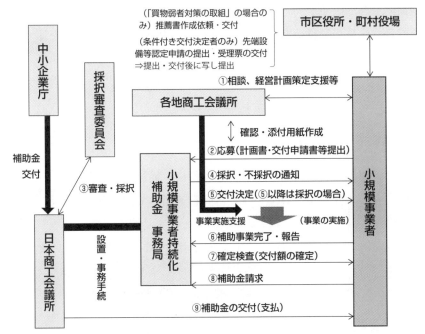

出所：平成29年度補正予算小規模事業者持続化補助金「公募要領」

03 対象先選びと計画作成のポイント

(1) 適した事業者・事業とは

　小規模事業者に該当する法人、個人とも商工業者が幅広く対象です。新規創業者でも会社設立または開業届出後であれば申請可能となっています。

　本補助金は売上拡大へ向けた新たなアイデアがあれば対象事業とすることができ、申請も可能です。ただし、革新性、独創性があった方が審査上は有利です。したがって、ありきたりな事業ではなく、独自のアイデアに

もとづく工夫が盛り込まれている事業が向いているでしょう。

補助金の上限額が50万円と少額なため、経営計画書などの申請書類作成を有料（成果報酬料金など）で請け負ってもらえる外部専門家を探すのがやや難しいといえます。

そこで、地域の商工会議所などでアドバイスを受けながらも自力で申請書類を作成できる経営者が望ましいでしょう。

(2) 審査ポイントと留意点

経営計画書および対象事業計画書を作成・提出することになっており、その内容の審査がポイントです。審査を通過して採択されるかどうかは、経営計画書、対象事業計画書の内容にかかっています。

公募要領に「審査の観点」として審査ポイントが記載されています。補

● 図表4-20　持続化補助金の「審査の観点」 ●

Ⅰ．基礎審査
①必要な提出資料がすべて提出されていること
②「補助対象者」・「補助対象事業」の要件に合致すること
③補助事業を遂行するために必要な能力を有すること
④事業者が主体的に活動し、その技術やノウハウ等を基にした取組であること

Ⅱ．加点審査
①自社の経営状況分析の妥当性
　・自社の製品・サービスや強みを適切に把握しているか。
②経営方針・目標と今後のプランの適切性
　・自社の強み、対象市場（商圏）の特性を踏まえているか。
③補助事業計画の有効性
　・具体的で、実現可能性が高いものとなっているか。
　・経営計画の今後の方針・目標達成に必要かつ有効なものか。
　・小規模事業者ならではの創意工夫の特徴があるか。
　・ＩＴを有効に活用する取り組みが見られるか。
④積算の透明・適切性
　・事業費の計上・積算が正確・明確で、必要なものとなっているか。

出所：平成29年度補正予算小規模事業者持続化補助金「公募要領」より作成

助事業として行う新たな施策の実現性(アイデアで終わらず実行までできる具体性があるか)、有効性(実行した場合に経営計画どおりに売上・利益の向上が可能か)、また、他の補助金にも共通するポイントとして独創性、などがあります。

04 金融機関としての支援策

(1) 支援対象事業者の選定

① 幅広く小規模事業者へ応募提案が可能

まず、小規模事業者に該当するか、従業員の定義をもとに確認します。パート労働者がいる場合などで人数が該当するかどうかについては必要に応じて個別に公募事務局に確認するとよいでしょう。

対象の事業者は幅広い業種に渡っています。また、対象事業や対象経費も、売上拡大や収益性向上の目的で行う新たな事業であり、そのための経費です。金額は比較的少額ながら、他の補助金よりもかなり広い範囲で使える補助金となっていますので、金融機関としても幅広く、取引先に声掛けができるでしょう。

② 採択されやすい対象事業

売上拡大、収益性向上が最終目的の新しい取組みが補助対象となりますので、何か具体的な新しいアイデアがある事業者が望ましいといえます。

ありふれた販売促進活動などではなく、できるだけ独創性、新規性のあるユニークなアイデアをもとにした集客力向上、販路開拓、販売促進、業務効率化につながる事業が審査上有利と考えられます。

(2) 申請支援のポイント

① アイデアから計画具体化へのアドバイス

まずは、事業者から本補助金の対象事業になりそうな売上拡大のための

● 図表4-21　持続化補助金の補助対象となる事業分野の例 ●

〈補助対象となり得る販路開拓等の取組事例〉
・新商品を陳列するための棚の購入
・新たな販促用チラシの作成、送付
・新たな販促用ＰＲ（マスコミ媒体での広告、ウェブサイトでの広告）
・新たな販促品の調達、配布
・ネット販売システムの構築
・国内外の展示会、見本市への出展、商談会への参加
・新商品の開発
・新商品の開発にあたって必要な図書の購入
・新たな販促用チラシのポスティング
・国内外での商品ＰＲイベントの実施
・ブランディングの専門家から新商品開発に向けた指導、助言
・（買物弱者対策事業において）移動販売車両の導入による移動販売、出張販売
・新商品開発に伴う成分分析の依頼
・店舗改装（小売店の陳列レイアウト改良、飲食店の店舗改修を含む）

〈補助対象となり得る業務効率化（生産性向上）取組事例〉
【「サービス提供等プロセスの改善」の取組事例イメージ】
・業務改善の専門家からの指導、助言による長時間労働の削減
・従業員の作業導線の確保や整理スペースの導入のための店舗改装

【「ＩＴ利活用」の取組事例イメージ】
・新たに倉庫管理システムのソフトウェアを購入し、配送業務を効率化する
・新たに労務管理システムのソフトウェアを購入し、人事・給与管理業務を効率化する
・新たにＰＯＳレジソフトウェアを購入し、売上管理業務を効率化する
・新たに経理・会計ソフトウェアを購入し、決算業務を効率化する

出所：平成29年度補正予算小規模事業者持続化補助金「公募要領」より作成

　アイデアをできるだけ多く出してもらいます。その後、その中から実際に費用対効果の高そうなものを掘り下げて具体化していきます。
　持続化補助金の場合は対象経費の範囲が広いので、様々な方法が考えられます。具体化に向けてアドバイスを行います。
　また、計画書の作成にあたり、記載方法のポイントをアドバイスします。自力での作成が難しい経営者については地域の商工会または商工会議

所に早めに出向いてアドバイスを受けるよう勧めるほうがよいでしょう。

② 計画書の添削アドバイス

経営者が作成する計画書のブラッシュアップのため、下書きの段階から何回か添削アドバイスを繰り返し行うことなどが考えられます。

【計画書の添削ポイント】
・必要な項目がもれなく記載されているか
・審査の観点にある項目について明確に記載されているか
・計画数値の根拠は具体的で明確か
・抽象的でなく、客観的、具体的に説明されているか
・わかりやすい表現で記載されているか

(3) 計画書に関する具体的アドバイス

① 経営計画書作成のポイント

持続化補助金では公募要領に記載例が掲載されており、項目ごとに何を

● 図表4-22　持続化補助金の経営計画書記載項目と記載の仕方 ●

1．企業概要
　どのような製品やサービスを提供しているか。
　売上が多い商品・サービス、利益を上げている商品・サービスを具体的に記載。
2．顧客ニーズと市場の動向
　顧客が求めている商品・サービスがどのようなものか。
　自社の提供する商品・サービスについて、競合や市場環境を記載（過去～将来見通し）。
3．自社や自社の提供する商品・サービスの強み
　自社や自社の商品・サービスの他社に比べた優位性、顧客に評価されている点を記載。
4．経営方針・目標と今後のプラン
　1～3を踏まえ、今後の経営方針や目標を具体的記載。
　方針・目標達成のための実行計画を記載（時期と具体的行動）。

出所：平成29年度補正予算小規模事業者持続化補助金「公募要領」より作成

どう書くか記載されています。また、下記の「必須記載項目と記載の仕方」も参考にして作成します。

経営計画書では、自社の優位性や独自性、差別化要素を市場の動向や顧客ニーズと結びつけて、なるべく客観的、具体的に記載します。

これまでも経営努力を行ってきた補助金に値する独自性のある事業者であることを評価されるように記載することがポイントです。

② 補助事業計画書作成のポイント

公募要領に繰り返し記載されているように、とにかく具体的に記載することで計画の実現性が高いものと評価されます。できるだけ、数字や年月（スケジュール）、固有名詞なども使って具体性が高まるように記載することがポイントです。

● 図表4-23 持続化補助金の補助事業計画書の必須記載項目と記載の仕方 ●

> 1．補助事業で行う事業名
>   本事業のタイトルを30字以内で簡潔に書く。
> 2．販路開拓等の取組内容
>   何をどのような方法で行うか、具体的に書く。
>   従来の自社・他社の取組と異なる点、創意工夫した点、特徴など。
> 3．補助事業の効果
>   売上げ、取引などにどのような効果があるか具体的に書く。
>   本事業がその効果に結びつく理由も併せて記載。

出所：平成29年度補正予算小規模事業者持続化補助金「公募要領」より作成

（4）商工会、商工会議所との連携

日頃から、営業店ごとに地元の商工会、商工会議所との関係構築を図っておくことがポイントです。事業者は作成した経営計画書、対象事業計画書を事前に提出し、申請書類として必要な「事業支援計画書」を、管轄する商工会または商工会議所に出向いて作成してもらいます。

したがって、金融機関としては、事業者が計画書を作成する段階で、商工会、商工会議所に紹介する場合が多いと思われます。商工会、商工会議所の会員でない事業者にとっても、金融機関からの紹介があったほうが安心です。

05 採択事例

持続化補助金の採択者一覧は、日本商工会議所、および全国商工会連合会のホームページで公表されています。

【採択者一覧の公開サイト】
日本商工会議所：https://www.jcci.or.jp/
全国商工会連合会：http://www.shokokai.or.jp/

図表4-24　持続化補助金の採択者一覧の例

会社名	法人番号	事業計画名
大熨商店	－	卸売を活かした高品質低価格での一般小売販売による販路開拓
KARAN	－	情報コンテンツの再構築と充実化事業
株式会社路考	3260001031107	新型色校正機導入及びHP・パンフレット作成による新規顧客開拓
アライブ岡山	－	新規ビジネス「ものバンクプロジェクト」の販路拡大事業
株式会社イワショウ	3260001008492	地元の若年層へ向けた、安全で環境に優しい外壁塗装の提案と販売
株式会社カンサイ製あん	3260001007890	菓子製造事業者に対しオリジナル餡受注についてHPで宣伝する
おうちパン工房粉雪	－	チケット制の導入とホームベーカリーを使った講座の新設
有限会社玄三	5260002003516	若者向けカジュアル要素を取り入れたメニュー展開と雰囲気作り
NOER HAIR DESIGN	－	高齢者向け出張美容サービスの立ち上げに伴う販売促進の実施
表町イタリアンMARIO（マリオ）	－	店舗改装、席増設による揚げピッツァ専門店2号店の新規顧客獲得
パウンドハウス西大寺	－	新サービス「プリントオーダーバースデーケーキ」の販売促進事業
株式会社ウッディヨネダ	1260001000666	一般消費者向けDIY用木材・加工品の販売促進及びアドバイス
株式会社 MOGA design	7260001030856	新事務所開設に伴うイベント開催及びHP・チラシによるPR事業
ミチナス	－	企業・社会人向けキャリアアドバイスの強化による多彩な働き方応援事業
Profumo	－	欧米からの観光客を取り込み、夜の売上を底上げする
株式会社西大寺農機	4260001002809	移転先新エリアでの次世代に繋げる農業継続応援事業
アトリエ・ノン	－	高齢者層向け美容サービスと温熱機器導入による憩いと癒しの提供
株式会社テンダーハーツ	6260001026574	低栄養、誤嚥性肺炎を予防する介護食の開発・販売促進事業
G.G	－	地方高齢者向け宅配買取事業による販路拡大
岡北個別指導塾	－	トヨタウェイを用いた学習システムによる理系専門個別指導塾
三基サービス有限会社	5260002004299	自社サイトの改良とSNSの活用で若年層向けの営業強化を実施
合同会社ハロウ	1260003001472	大人のエクステを実施する為の店舗改装による生産性向上を促進
株式会社メゾンフード	7260001012334	『全国発信できるホームページ作成と商品化に伴う売上拡大！』
有限会社ダイテツ商会	1260002013196	一般家庭に向けた設置型回収ボックスによる廃棄物処理事業
絵画修復工房 YeY	－	遠隔作品調査システムと大型絵画運送ケース開発による販路拡大
株式会社 LogooDesign	4260001030677	デザイナーの作品展示サイト制作による共同受注システムの構築
株式会社 KBC	5260001009596	高級フィットネスサロンへのシフトによるエグゼクティブ層の獲得
Art Studio gLAsse	－	ワンストップネイルサービスの提供事業
東洋製あん株式会社	3260001004599	旬の味を一年中楽しむ「水熟桃」メーカー直販サイトでBtoC推進
株式会社 i-literacy	5260001029891	イベントとHPの連動による30代後半～40代の女性顧客の獲得

出所：日本商工会議所
「平成29年度補正予算小規模事業者持続化補助金採択者一覧」（岡山県の採択者一覧より作成）

第3節

その他補助金の概要

国や地方自治体などが主体となって、毎年多数の補助金公募が行われます。大半の補助金は時期が限定され、年1回だけ公募されるものも珍しくありません。本節ではその中でも国の補助金の一部を紹介します。

01 戦略的基盤技術高度化支援事業（サポイン事業）

所管	経済産業省（経済産業局）
目的・内容	ものづくり高度化法の認定を受けた中小企業・小規模事業者または地域未来投資促進法の承認を受けた中小企業・小規模事業者による、ものづくり高度化法にもとづく情報処理、精密加工、立体造形等の12技術分野の向上につながる研究開発、その試作等の取組への支援
対象者・要件	特定ものづくり基盤技術の高度化に向けた研究開発等に取り組む中小企業者で、①中小ものづくり高度化法にもとづき経済産業大臣の認定を受けた者、または②地域未来投資促進法にもとづき都道府県知事等の計画承認を受けた者のどちらかを含む共同体を構成する必要がある。 共同体は、事業管理機関、研究等実施機関（同一者が担うことも可）を含む2者以上で構成
対象事業	ものづくり高度化法の認定を受けた特定研究開発等計画、または地域未来投資促進法の承認を受けた地域経済牽引計画を基本とした研究開発等の事業
補助率	大学・公設試等の補助対象経費：定額 上記以外の補助対象経費：2/3以内

補助上限額	初年度4,500万円 うち、大学・公設試等の初年度合計額1,500万円以下 2年目は初年度交付額の2/3、3年目は1/2を上限として補助
対象事業期間	2年度または3年度
対象経費	設備備品費、消耗品費、人件費、謝金、旅費、外注費、印刷製本費（報告書作成費）、会議費、運搬費、技術導入費、通訳・翻訳費、知的財産権関連経費、マーケティング調査費、賃貸借費、委託費、間接経費
公募期間 （直近実績）	H30/3/16～5/22
応募／採択件数	334/126

02 地域創造的起業補助金

所管	経済産業省（中小企業庁）
目的・内容	新たな需要や雇用の創出等を促し、我が国経済を活性化させることを目的に、新たに創業する者に対して支援を行う
対象者・要件	・「新たに創業する者」であること 　平成30年4月27日以降に創業する者であって、補助事業期間完了日までに個人開業または会社・企業組合・協業組合・特定非営利活動法人の設立を行い、その代表となる者 ・事業実施完了日までに、計画した補助事業の遂行のために新たに従業員を1名以上雇い入れること。 ・認定市区町村における創業であること ・認定特定創業支援事業を受ける者
対象事業	既存技術の転用、隠れた価値の発掘（新技術、設計・デザイン、アイディアの活用等を含む）を行う新たなビジネスモデルにより、需要や雇用を創出する事業であること
補助率・上限額	1/2
補助上限額	100万円、200万円
対象事業期間	約5～6ヵ月
対象経費	人件費、店舗等借入費、設備費、原材料費、知的財産権等関連経費、謝金、旅費、マーケティング調査費、広報費、外注費、委託費

公募期間 （直近実績）	H30/4/27 ～ 5/22
応募／採択件数	358/120

03 事業承継補助金（Ⅰ型　後継者承継支援型）

所管	経済産業省（中小企業庁）
目的・内容	事業再編、事業統合を含む経営者の交代を契機として経営革新等を行う事業者に対して、その取組に要する経費の一部を補助することにより、中小企業の世代交代を通じた我が国経済の活性化を図ることを目的とする
対象者・要件	・地域経済に貢献している中小企業者等であること ・後継者の要件として、一定程度の知識や経験を有していることが必要 　①経営経験を有している者 　②同業種での実務経験などを有している者 　③創業・承継に関する研修等を受講した者 ・平成27年4月1日から、補助事業期間完了日（最長平成30年12月31日）までの間に事業承継（代表者の交代）を行う必要
対象事業	事業承継において、以下の形態であること 　①法人における退任、就任を伴う代表者交代による事業承継 　②個人事業における廃業、開業を伴う事業譲渡による承継 　③法人から事業譲渡を受け個人事業を開業する承継
補助率・上限額	2/3、1/2
補助上限額	150万円、200万円（事業所の廃止や既存事業の廃止・集約を伴う場合、廃業費用として最大300万円上乗せ）
対象事業期間	約5ヵ月間
対象経費	人件費／設備費／原材料費／外注費／委託費／広報費／知的財産権等関連経費／謝金／旅費／店舗等借入費／会場借料費／マーケティング調査費／申請書類作成費用 <事業所の廃止、既存事業の廃止・集約を伴う場合> 廃業登記費／在庫処分費／解体費・処分費／原状回復費

公募期間（実績）	H29年度補正予算 1次 H30/4/27〜6/8、2次7/3〜8/17、3次9/3〜9/26
応募／採択件数	H29年度補正予算 1次（481/374）、2次（273/224）、3次（75/55）

04 国内・海外販路開拓強化支援事業費補助金（地域産業資源活用事業）

所管	経済産業省（中小企業庁）
目的・内容	地域の優れた資源（農林水産品、鉱工業品、鉱工業品の生産に係る技術または観光資源等）を活用した商品・役務の開発や販路開拓等の取組に要する経費の一部を国が補助することにより、地域の中小企業者・小規模企業者による売れる商品づくりや地域発のブランド構築の実現を目指し、地域経済の活性化および地域中小企業者・小規模企業者の振興に寄与すること
対象者・要件	中小企業地域資源活用促進法にもとづく地域産業資源活用事業計画（開発・生産型）の認定を受けた同法第2条第1項に規定する中小企業者
対象事業	中小企業地域資源活用促進法にもとづき、平成28年度以降に認定された地域産業資源活用事業計画（開発・生産型）にしたがって行われる、単独または複数の中小企業者による地域資源を活用した商品またはサービスの開発およびその販路開拓等の事業
補助率	1/2
補助上限額	500万円
対象事業期間	交付決定日〜R2/3/31（H31年度公募）
対象経費	謝金、旅費、借損料、産業財産権等取得費、雑役務費、委託費、展示会等出展費、マーケティング調査費、広報費、委託費、原材料費、機械装置等費、試作・実験費、委託費
公募期間（実績）	H31/2/7〜3/7
応募／採択件数	―

第4節

法認定制度の活用

　法認定制度とは、法律の趣旨に沿って中小企業者等が取り組む新事業の計画に対して、国や都道府県が審査の上、認定を行うものです。

　代表的なものとして、中小企業等経営強化法にもとづく経営力向上計画や経営革新計画などの認定があります。計画認定を取得すると、補助金での優遇、信用保証枠拡大や低利融資などが受けられるといったメリットがあります。

01 法認定制度とは

(1) 法認定制度の目的と仕組み

　個別の法律の趣旨に沿って中小企業者が取り組む新事業の計画に対して、経済産業大臣や都道府県知事が、基準を満たすものとして認定する制度です。

　法認定を受けた計画の実行にあたって、各種優遇策で支援する仕組みが提供されます。

(2) 活用のメリット

　法認定を取得すると、計画の実施にあたって、補助金、特例融資、信用

保証などに関する下記のような優遇策や支援策が受けられます。

また、法認定計画を作成できれば、補助金申請を行う際の事業計画書作成の際にもその経験を活かすことができるでしょう。

① 補助金での優遇
認定取得者専用の補助金や補助金審査上加点される場合がある。
② 特例融資の対象
日本政策金融公庫など政府系金融機関の特例融資の対象になる。
③ 信用保証の特例
信用保証協会の保証枠に別枠が加算され、合計限度額が拡大する。
④ 特許料等の減免
特許料などの一部減免が受けられる。
⑤ 投資の特例
投資育成会社からの出資の特例が受けられる。
⑥ 税制措置
固定資産税などの一部減免が受けられる。

(3) 主な法認定計画の制度

法認定計画は中小企業振興策を推進するためのそれぞれの法律において

● 図表4-25　代表的な法認定計画 ●

法律名（略称）	法認定計画
中小企業等経営強化法	経営力向上計画
	経営革新計画
	異分野連携新事業分野開拓計画 （新連携事業計画）
中小ものづくり高度化法	特定研究開発等計画
下請中小企業振興法	特定下請連携事業計画
中小企業地域資源活用促進法	地域産業資源活用事業計画
農商工等連携促進法	農商工等連携事業計画
生産性向上特別措置法	先端設備等導入計画

定められています。代表的な法認定計画として図表4-25のようなものがあります。

(4) 法認定取得のポイント

まず、自社の業種や新たに行う事業の種類や認定取得の目的にしたがって、それにマッチした法律認定を選択することが求められます。

また、中小企業が個々の法律の趣旨に沿い、新たに立てた事業計画の内容に対する審査が行われます。したがって、新規に行う事業であり、かつ具体的で実現可能な事業計画書が作成できるかどうかがポイントです。

02 経営力向上計画

(1) 制度概要

① 目的と法的根拠

平成28年7月に施行された中小企業等経営強化法にもとづく制度です。所管の各省庁によって定められた事業分野別指針に沿って、中小企業が

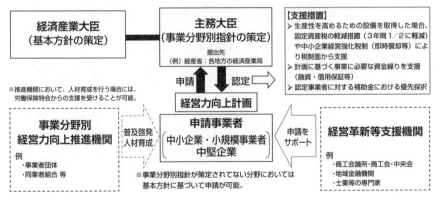

● 図表4-26 経営力向上計画承認の仕組み ●

出所：中小企業庁

人材育成、コスト管理等のマネジメントの向上や設備投資など、自社の経営力を向上するための新たな計画（経営力向上計画）を承認します。「経営力向上計画」の承認企業に対して、各種の支援を行います。

　自社の業界の指針を確認し、各業界を管轄する主務大臣（各省庁等）に対して計画を申請する点が特色です。また、申請書類が比較的簡単で小規模事業者にとっても計画書作成の負担は比較的小さい制度です。

② 対象者・対象要件

　中小企業者等であり、個人事業主、会社、組合などの中小企業者の他に、一般社団法人、医療法人、社会福祉法人、特定非営利活動法人なども幅広く対象になります。

　対象者が該当する事業分野別指針に沿って、人材育成、コスト管理等のマネジメントの向上や設備投資など、自社の経営力を向上するための新たな計画である経営力向上計画を作成することが必要です。

③ メリット

　機械および装置の固定資産税の軽減（資本金１億円以下の会社等を対象とし、３年間半減）や金融支援等（低利融資、債務保証等）の特例措置などの支援策を受けることができます。

● 図表4-27　経営力向上計画認定取得者への主な支援策 ●

支援分野	主な支援内容
税制措置	・認定計画にもとづき取得した一定の設備や不動産について、固定資産税や法人税、不動産取得税等の特例措置
金融支援	・政府系金融機関の低利融資制度 ・信用保証協会の保証金枠として別枠の加算
法的支援	・業法上の許認可の承継の特例、組合の発起人数に関する特例、事業譲渡の際の免責的債務引受に関する特例措置
補助金	・ものづくり補助金等の補助金審査上の加点措置

（2）認定取得方法

① 申請方法

　自社の業種が該当する事業分野別指針をもとに（該当する指針がない場合は基本指針をもとに）、人材育成、コスト管理のマネジメントの向上や設備投資等、事業者の経営力を向上させるための取組内容等を記載した「経営力向上計画」を作成します。計画申請においては、経営革新等支援機関のサポートを受けることが可能です。

　自社が該当する事業分野を所管する主務大臣に計画申請書を提出し、申請書様式は3枚と比較的簡単な計画です。

② 審査内容とポイント

　各省庁において随時申請を受け付け、審査をしており、申請から認定までの期間は約30日（複数の省庁をまたがる事業分野の場合は45日）とされています。

（3）認定実績

　平成30年12月末現在、全国で78,900件が認定されています。このうち所管省庁別では、経済産業省41,668件、国土交通省19,664件、農林水産省7,640件、厚生労働省5,681件、国税庁932件等です。

　業種別では、78,900件のうち、製造業34,488件（43.7％）、建設業16,235件（20.6％）、卸・小売業6,569件（8.3％）、医療、福祉業4,342件（5.5％）、サービス業（他に分類されないもの）3,069件（3.9％）などとなっています。

03 経営革新計画

(1) 経営革新計画の概要

① 目的と特色

「新事業」に計画的に取り組むことで経営向上に努力する中小企業を支援するため、中小企業等経営強化法にもとづいて新事業の計画を認定する制度です。既存事業とは異なる新事業活動に取り組む計画であることが要件です。

なお、「中小企業等経営強化法」は平成28年7月に「中小企業新事業活動促進法」から改定され、制定されています。

● 図表4-28 「新事業活動」の4つの類型 ●

	新事業活動の類型	新たな活動の例示
1	新商品の開発又は生産	業務用の大型で強力な空気清浄機を製造していた企業がきれいな空気に対するニーズの高まりを受けて、小型化に挑戦し、一般家庭用の小型で強力な空気清浄機を開発する。
2	新役務の開発又は提供	美容室が高齢者や身体の不自由な方等、自分で美容院に行くことが困難な方のために、美容設備一式を搭載した車で美容師が出張し、カットやブローの基本コースからヘアメイクや着付け等のサービスを行う。
3	商品の新たな生産又は販売の方式の導入	金属加工業者が、金属熱加工製品の開発に伴う、実験データを蓄積することにより、コンピューターを利用して、熱加工による変化を予測できるシステムを構築する。それにより、実験回数を減らし、新商品開発の迅速化とコスト削減を図る。
4	役務の新たな提供の方式の導入その他の新たな事業活動	タクシー会社が、乗務員に介護ヘルパーや介護福祉士の資格を取得させ、病院や介護施設への送迎などのタクシー利用者を獲得し、高齢者向け移送サービスで介護サービス事業へ進出して多角化を図る。

出所:東京都産業労働局「経営革新計画申請について」

② 対象者・計画の要件

中小企業等経営強化法にもとづいて「新事業活動」に取り組み、「経営の相当程度の向上」を達成する計画である必要があります。

「新事業活動」としては、「1 新商品の開発又は生産」「2 新役務の開発又は提供」「3 商品の新たな生産又は販売の方式の導入」「4 役務の新たな提供の方式の導入その他の新たな事業活動」のいずれかに該当することが条件です。

また、「経営の相当程度の向上」の基準は図表4-29のとおりです。

「新事業」の開始時期が直近決算以降であることが条件になります。前期中にすでに開始した事業の計画は対象外です。

● 図表4-29　経営革新計画における目標指標の伸び率 ●

計画期間	【指標1】「付加価値額」または「一人当たりの付加価値額」の伸び率	【指標2】「経常利益」の伸び率
3年計画	9％以上	3％以上
4年計画	12％以上	4％以上
5年計画	15％以上	5％以上

・付加価値額 ＝ 営業利益 ＋ 人件費 ＋ 減価償却費
・一人当たりの付加価値額 ＝ 付加価値額 ／ 従業員数
・経常利益 ＝ 営業利益 － 営業外費用
（注）通常の会計原則とは異なり、経常利益に営業外収益を加算しない。

③ メリット

経営革新計画の認定を取得すると、図表4-30のような低利融資、信用保証枠拡大、特許料の減免、その他支援策が受けられます。ただし、実際に支援策を受けるには各実施機関で個別に審査を受けることが必要です。

● 図表4-30　経営革新計画認定取得者に対する主な支援策 ●

支援分野	支援内容
金融支援	・日本政策金融公庫による低利融資制度 ・中小企業信用保険法の特例として保証限度額の別枠設定
投資	・中小企業投資育成株式会社法の特例として、資本金3億円超へ対象拡大 ・中小企業基盤整備機構が出資するベンチャーファンドの投資対象
補助金	・ものづくり補助金等の補助金審査上の加点措置
特許	・特許料・審査請求料を半額に軽減
海外展開	・日本政策金融公庫によるスタンドバイ・クレジット制度 ・海外直接投資事業資金融資に対する信用保証協会による保証限度額引き上げ

出所：東京都産業労働局などより作成

（2）認定取得方法

① 申請方法と事前相談

　都道府県ごとに定められた申請手続きにしたがって事業計画書はじめ申請書類を作成し提出します。

　申請書提出前に都道府県の申請窓口や中小企業支援機関で事前相談を受け付けています。あらかじめ、新規事業のアイデアや事業計画書の下書き

● 図表4-31　審査のポイント ●

新規性	既存事業と比較してどこが新しいのか 他社との違いは何か（技術、ターゲットやメリットなど）
実現性	計画が具体的か（いつ、どこで、何を、どのように） 経営資源（人、モノ、金等）は手配されているか 仕入先、販売先や顧客ニーズの把握など売上計画は妥当か

出所：東京都産業労働局「経営革新計画申請について－記載要領と支援策－」より作成

第4節 法認定制度の活用

などをもとにアドバイスを受けながら取り組むのがよいでしょう。

② 審査内容とポイント

都道府県において原則として毎月審査会が行われます。審査では特に新規性と実現性が重視されます。すでに同業の中小企業で相当程度普及している技術・方式の事業は承認の対象外です。

(3) 認定実績と事例

① 認定実績

平成29年度には全国で4,453件認定され、平成11年度からの19年間で承認件数は累計72,824件に達しています。

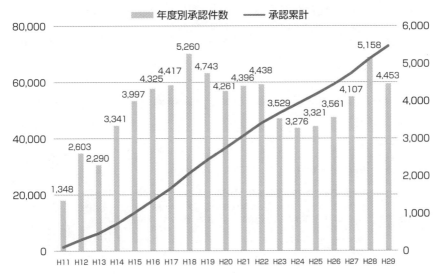

図表4-32 経営革新計画の認定件数推移

出所：中小企業庁ホームページより作成

● 図表4-33　認定事例 ●

最優秀賞

水上印刷株式会社　（新宿区）　https://www.mic-p.com/
○テーマ：インストアプロモーションにおける販促物のフルサービスを展開
○取組概要：コンビニや外食産業をターゲットに、印刷物製造の前後の工程を取り込み、インストアプロモーションのフルサービスを展開する計画。市場調査や企画提案、デザイン、製造、配送、在庫管理などの業務を一括して受注することで、顧客の「面倒くさい」を解決しつつ、品質向上・納期短縮を実現。大きく業容を拡大させている。

優秀賞

協育歯車工業株式会社　（台東区）　http://www.kggear.co.jp/
○テーマ：小型かさ歯車を主とした特注品の受注体制の確立
○取組概要：先端医療やロボット分野の高度化・複雑化する顧客ニーズに対応するため、最新の加工設備・測定器を導入し、小型直歯かさ歯車や特注品の受注体制を確立する計画。創業以来歯車一筋で培ってきたノウハウを生かして、規格品（汎用品）の依存から脱却。売上に占める特注品比率は5割に拡大している。

優秀賞

ジー・オー・ピー株式会社　（渋谷区）　http://www.gop.co.jp/
○テーマ：予測型の自動山積みソフトの開発・販売
○取組概要：過去の建築現場での実績データを活用し、新規現場での自社製品（仮設機材）の必要量や時期を予測するシステムを開発、適正な資材提供を実施していく計画。「山積み表」を自動で迅速に、かつ根拠ある予測として提供できるようになり、顧客へのサービス向上だけでなく、生産計画や在庫管理の適正化を実現している。

奨励賞

株式会社アイム・ユニバース　（杉並区）　http://aim-universe.co.jp/
○テーマ：不動産中古市場の開拓による経営革新
○取組概要：新築分譲住宅のノウハウを生かしたハイグレード品の標準装備を武器に中古物件のリノベーション販売を開始するとともに、屋上庭園のある家を投入していく計画。従来の分譲住宅と装備を共通化し一層のスケールメリットを実現したほか、「癒し」を実現する屋上庭園が飛躍的に伸び、売上計画を上方修正している。

奨励賞

有限会社アットモル　（福生市）　http://attmol.com/
○テーマ：小型・高性能プランジャーポンプの開発と販売
○取組概要：アジア圏を中心とした医療機器の小型化・可搬性のニーズに対応するため、超精密研磨技術により、小型・高性能なプランジャーポンプを開発する計画。資材や工程の工夫を重ねて高精度加工を実現。顧客からの高評価を得て、中国やヨーロッパ等の医療機器メーカーに採用され、売上の約75%を占める主力製品となっている。

奨励賞

株式会社 hide kasuga 1896　（港区）　http://www.hk1896.com/
○テーマ：ラグジュアリーカーボン素材を開発し、仏スーパーブランドメーカー等に提供
○取組概要：工業用カーボン素材の新たな適用分野として、高機能ソフトカーボン素材を使ったコンシューマー向け商品開発や、高級ブランド向けの素材開発・提供を行う計画。ジャパンブランドとして全国の有名百貨店で小物コレクションを展開したほか、有名ブランドにも採用され、ラグジュアリーマテリアルブランドの確立に成功している。

出所：東京都産業労働局「平成29年度 東京都経営革新優秀賞受賞企業」

04 中小企業のものづくり基盤技術の高度化に関する法律

(1) 制度概要

① 法的根拠・目的

「中小企業のものづくり基盤技術の高度化に関する法律（以下、「中小ものづくり高度化法」という）にもとづき、わが国製造業の強みが高度の「ものづくり基盤技術」をもつ中小企業と最終製品を提供する大企業等との密接な連携（摺り合わせ）にあることを踏まえ、「ものづくり基盤技術」の高度化への研究開発支援等により我が国製造業の国際競争力の強化および新たな事業の創出を図ることが目的です。

② 対象者・対象要件

中小企業者が対象ですが、創業予定者個人やみなし大企業も対象として

● 図表4-34　特定研究開発等計画の認定申請様式 ●

出所：経済産業省（関東経済産業局）ホームページ

申請可能となっています。

「特定ものづくり基盤技術高度化指針」に沿った「特定ものづくり基盤技術に関する研究開発及びその成果の利用に関する計画（特定研究開発等計画）」を作成します。指針に定められた「ものづくり基盤技術」の12分野の中で該当する分野を定めて取組むことが必要です。

【ものづくり基盤技術12分野】

1．デザイン開発、2．情報処理、3．精密加工、4．製造環境、5．接合・実装、6．立体造形、7．表面処理、8．機械制御、9．複合・新機能材料、10．材料製造プロセス、11．バイオ、12．測定計測

③ 認定取得のメリット

研究開発に対する支援として「戦略的基盤技術高度化支援事業（サポート・インダストリー事業、以下、「サポイン事業」という）」への応募資格が得られます。サポイン事業は2年度または3年度にわたり、中小企業がユーザー企業、研究機関等と協力して行う研究開発に対する補助金制度です。ただし、年1回の公募で全国約100件の中に採択されることが必要です。

他にも主に図表4-35のような支援策や都道府県ごとの各種支援策が用意されています。

● 図表4-35　特定研究開発等計画の認定取得者に対する主な支援策 ●

支援分野	支援内容
研究開発	・戦略的基盤技術高度化支援事業（補助金）による研究開発支援
金融支援	・日本政策金融公庫による低利融資制度 ・中小企業信用保険法の特例として保証限度額の別枠設定
信用保証	・信用保証協会の保証枠として別枠の加算
投資	・中小企業投資育成株式会社法の特例として、資本金3億円超へ対象拡大 ・中小企業基盤整備機構が出資するベンチャーファンドの投資対象
特許料	・特許料・審査請求料を半額に軽減

図表4-36 戦略的基盤技術高度化支援事業（サポイン事業）の仕組み［モデルケース］

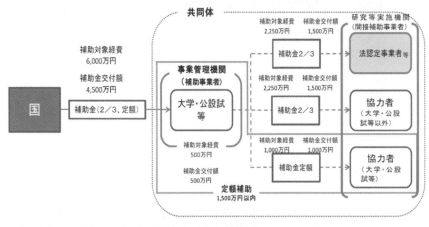

出所：平成31年度戦略的基盤技術高度化・連携支援事業「公募要領」

（2）認定取得方法

① 申請方法

研究開発を行う拠点となる施設の所在地を管轄する各経済産業局（研究開発計画認定申請先）に認定申請書を提出して行います。各経済産業局が詳しい「認定申請書記載例」を用意していますので、その詳細を確認し、申請書を作成します。

通常は計画認定取得後の「サポイン事業」への応募とセットで行うケースが多いと考えられます。申請書類や仕組みが複雑なので、各経済産業局への事前相談によってアドバイスを受けながら行う仕組みになっています。

② 審査方法とポイント

認定審査は、おおむね3ヵ月に1度行う予定とされており、募集期間ごとにまとめて審査が行われています。計画内容について技術面、事業化面、政策面について下記のような観点から審査が行われます。

研究開発のための計画ですので、技術面での課題解決が中心になります

● 図表4-37　計画内容についての主な審査ポイント ●

新規性	既存技術とどこが違うのか（独創性、革新性）
実現性	実用化までの実現性はあるか 既存技術が生かせるか、技術的な課題は明確か 試験研究機関、取引先との連携体制はどうか
市場性	川下製造業者等のニーズや要望に沿っているか 市場や社会に与える効果は何か

出所：関東経済産業局「特定研究開発等計画　認定申請書記載例」より作成

● 図表4-38　関東経済産業局管内における認定件数 ●

（新指針に改定以降の第30回から38回認定）

	特定ものづくり基盤技術	今回の新規認定件数	新指針による総認定件数
1	デザイン開発	5	20
2	情報処理	11	77
3	精密加工	22	102
4	製造環境	4	22
5	接合・実装	4	49
6	立体造形	3	45
7	表面処理	8	40
8	機械制御	10	42
9	複合・新機能材料	10	62
10	材料製造プロセス	11	46
11	バイオ	6	53
12	測定計測	14	84
	合計	108	642

出所：関東経済産業局ホームページ

が、実用化や事業化段階も見据えたものであることが、審査でも評価されます。特に市場や顧客ニーズについて、川下メーカーの声を記載するなど、できるだけ、具体的、客観的に記載することがポイントです。

(3) 認定実績

関東経済産業局管内では、平成30年6月の第38回認定において108件が認定されました。関東局では新指針に改定後で累計642件、旧指針からも含めると累計2,434件となっています。

● 図表4-39　関東経済産業局管内における認定事例 ●

研究開発計画名	研究概要	主たる技術区分	事業管理機関名	法認定中小企業者
カイコによる機能性スクリーニング技術を用いた健康食品の効率的開発方法の確立	食品業界では機能性の評価には哺乳動物が用いられ、高コストかつ倫理面での制約も受ける。本事業では、経口摂取によるカイコを用いたスクリーニング系を開発し、摂取後の体内動態を反映可能な安価、迅速な候補素材の選定技術として実用化を図り、効能を有する食品素材の開発に貢献する。また、自然免疫賦活効果や血糖値上昇抑制効果を持つ機能性食品を試作し、系の有用性を実証する。	バイオ	公益財団法人千葉県産業振興センター	株式会社ゲノム創薬研究所
FCV向け極薄3D造形部品の溶射鍛造成形用金型の開発	燃料電池用スタックのセパレータ部材は難加工材、複雑形状化、低コスト化に対応する新工程開発が進められている。この新工程に着目して、①超硬合金の耐割れ特性のデータベース化、②表面加工による超硬合金への耐割れ性改善と金型寿命判定データの構築、③金型の微細形状加工技術、温度均一化、型交換可能な構造の開発、④残留応力測定による金型使用判定技術の開発に取組むことで、市場ニーズに適合した金型を提供する。	精密加工	公益財団法人千葉県産業振興センター	株式会社ヤマナカゴーキン
複合技術を活用した高性能で多様性に富む搬送ロールの開発	現在、液晶や有機EL、リチウム電池等の先端分野で用いられる高性能性フィルムはコンバーティング装置で製造している。フィルムの薄膜化や多機能化を実現するにはフィルムの低張力搬送が必要で、装置に搭載される搬送ロールが重要な生産要素技術となる。本事業では、従来の金属製ロールより軽量で多様性のある「金属&CFRP」複合ロールの低コスト製造技術を開発し、我が国情報家電・エレクトロニクス分野の高度化に貢献する。	複合・新機能材料	一般社団法人首都圏産業活性化協会	株式会社ハイメックス
電気めっき製造技術による高解像度複合シンチレータの開発	シンチレータはCT装置の画像情報に大きな影響を及ぼす。2015年豊橋技術科学大学グループが、電気めっき法により形成したZnOナノワイヤが高解像度シンチレータとして機能することを実証した。本計画は、ZnOナノワイヤを光ガイド層として使用するための形成技術を確立し、次いで単結晶を用いない発光層の形成技術を確立する。この2つの形成技術を組み合わせた高解像複合シンチレータを開発する。	測定計測	タマティーエルオー株式会社	株式会社三ツ矢
金属積層造形における薄肉状製品の品質・生産性向上のための生産支援ソフトウェア開発	自動車、航空機等輸送機器等の川下企業では、軽量化に対する要求を背景に薄肉形状製品に対するニーズが高い。金属積層造形は従来工法では加工が不可能な形状を実現できるため薄肉状製品の製造法として最適である。しかしながら、薄肉形状製品は剛性が低く変形しやすいため形状安定性が低い。この課題を解決するため、本研究では、試作レスが可能となる「金属積層造形用設計・製造支援ソフト」を開発し、生産性向上を図る。	立体造形	地方独立行政法人東京都立産業技術研究センター	株式会社モノコミュニティ
次世代自動車ハンズフリー通話システムのための音声強調信号処理技術の研究開発	自動車内で5G次世代移動体通信網に対応したハンズフリー通話、自動緊急通知、インカーコミュニケーションの音声対話を高度に実現する音声強調信号処理ミドルウェアを開発する。それに必要な低遅延サブバンド領域音源分離技術、DNNによる非音声雑音抑圧技術を大学と共同で研究開発する。ITU-T P.1100、P.1110、P.1120、P.1140規格準拠評価装置を導入し、ミドルウェアを改良準拠する。	情報処理	国立大学法人筑波大学	ファーフィールドサウンド株式会社

出所：関東経済産業局「平成30年度戦略的基盤技術高度化支援事業採択一覧」より作成

05 【中小企業地域資源活用促進法】地域産業資源活用事業計画

「中小企業による地域産業資源を活用した事業活動の促進に関する法律」は「中小企業地域資源活用促進法」と呼称されています。

(1) 制度概要

① 法的根拠・目的

地域の中小企業者が共通して活用することができ、当該地域に特徴的なものとして認識されている地域産業資源（農林水産物、生産技術、観光資源）を活用して、中小企業者が商品の開発・生産、役務の提供、需要の開拓等の事業を行うことを支援します。

中小企業者等が単独または共同で、地域資源を活用して新商品・新サービスの開発・市場化を行う「地域資源活用事業計画」を作成し、その内容を国から認定を受けると、法的措置や予算措置、金融措置など各種支援措置を受けることができます。

● 図表4-40　地域資源の定義 ●

1．地域の特産物として相当程度認識されている農林水産物や鉱工業品 　（野菜、果物、魚、木材 等）
2．地域の特産物である鉱工業品の生産に係る技術 　（鋳物、繊維、漆器、陶磁器 等）
3．文化財、自然の風景地、温泉その他の地域の観光資源として相当程度認識されているもの 　（文化財、自然景観、温泉 等）

出所：中小企業地域資源活用促進法

② 対象要件

中小企業者である会社と個人、組合及び連合会等が申請対象者です。

計画の対象となる事業の主な要件としては、「都道府県が指定する地域資源を活用した事業であること」、「地域資源の新たな活用の視点が提示されていること」などです。

具体的な地域資源として、たとえば青森県では、農林水産物131件、鉱工業品等101件、観光資源134件、合計366件が指定されています（平成31年3月現在）。

● 図表4-41　地域産業資源活用事業計画の認定取得者に対する主な支援策 ●

支援分野	支援内容
補助金	・国内・海外販路開拓強化支援事業費補助金（地域産業資源活用事業）の応募資格
金融支援	・政府系金融機関の特例融資対象 ・信用保証協会の保証枠として別枠加算 ・食品流通構造改善促進機構による債務保証等
投資	・中小企業投資育成株式会社法の特例として、資本金3億円超へ対象拡大
その他	・マーケティング等の専門家による支援（新事業創出支援事業）

(2) 認定取得方法

① 申請方法

都道府県が指定した地域資源を活用した「地域産業資源活用事業計画」を作成し、都道府県の担当部局を経由して、経済産業局に認定申請します。

申請の形態は「開発・生産型」または「需要開拓型」の2種類にわかれ、いずれかを選択します。

計画は、地域産業資源活用事業の目標、地域産業資源活用事業の内容および実施期間を記載します。このうち、事業内容としては、具体的に対象商品・役務の内容、活用する地域産業資源、実施内容、需要開拓見通し、

協力者、関係事業者・団体および連携協力内容などを計画に記載します。

計画作成にあたって、全国10ヵ所に設置されている中小企業基盤整備機構地域本部・事務所から支援が受けられます。

● 図表4-42　地域産業資源活用事業計画の申請形態 ●

申請形態	内容
開発・生産型	地域産業資源を活用した商品の開発、生産もしくは需要の開拓または役務の開発、提供もしくは需要の開拓を行う計画
需要開拓型	他の中小企業者が地域産業資源を活用して開発もしくは生産を行う商品または開発もしくは提供を行う役務について、需要の開拓のみを行う計画

② 審査内容

中小企業地域資源活用促進法の趣旨に沿って計画の要件を満たしているか、実現性、市場開拓の見通し、関係者との連携状況などについて審査が行われます。

● 図表4-43　認定にあたっての評価基準等（東京都の例） ●

1．東京都が指定する地域産業資源を活用した事業であること
2．新たな需要の開拓の見通し
3．地域を挙げた取組と関係事業者、関係団体等との連携
4．自然や文化財等の地域産業資源の持続的活用のための配慮
5．事業計画の実現可能性
6．計画期間は、3年以上5年以内

出所：東京都産業労働局ホームページ

(3) 認定実績

平成30年度においては、平成31年2月までの間に全国で78件が認定されています。経済産業省の経済産業局ごとに認定された計画について、中小企業庁から2ヵ月ごとにまとめて公表されています。

図表4-44 地域産業資源活用事業計画の認定事例

番号	事業者名	地域名	事業テーマ
1	アサヒ醸造株式会社	福岡県柳川市	化学調味料・人工甘味料によらず、地元産大豆、米の麹で旨み・甘みを付与した醤油等の開発と販路開拓
2	株式会社鹿田産業 竹市株式会社	福岡県広川町	新たに「昇降機能」と「自立機能」を付加した八女すだれの開発と需要開拓
3	九州商船株式会社	長崎県長崎市	長崎五島のキリスト教会と関連遺産を活用した、新たな着地型巡礼旅行商品の開発と販路開拓
4	株式会社KIORAきくち	熊本県菊池市	菊池水源の湧水を活用した「炭酸水」の開発と販路開拓
5	バンブーマテリアル株式会社 バンブーフロンティア株式会社 ハイアス・アンド・カンパニー株式会社 株式会社タケックス・ラボ	熊本県南関町	竹の特性を活かした竹製ボード等の健康機材の開発及び需要開拓
6	タイニーハウスジャパン	大分県中津市	日本初　移動可能な木製タイニーハウスの開発・販売
7	株式会社オキス	鹿児島県鹿屋市	さつまいもペーストに鹿児島県産野菜を練り込んだノンフライ・ノンオイル膨化食品の開発と販路開拓
8	株式会社ティダ・ワールド	鹿児島県喜界町	喜界島固有種の花良治（けらじ）みかんと日本一の生産量を誇る白胡麻を活用した調味料等の開発および販路開拓

出所：九州経済産業局ホームページより作成

06 【生産性向上特別措置法】先端設備等導入計画

（1）制度概要

① 法的根拠・目的

　生産性向上特別措置法にもとづき、「導入促進基本計画」の同意を受けた市区町村において新たに設備を導入しようとする中小企業者の生産性向上を、国・市町村が一体となって支援するものです。

② 対象要件

　「導入促進基本計画」の同意を受けた市区町村において新たに設備を導

● 図表4-45 「先端設備等導入計画」の制度の概要 ●

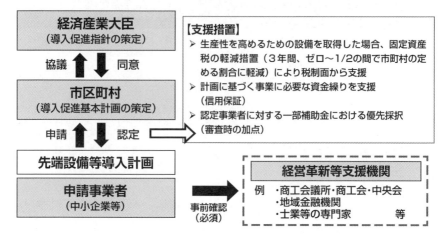

出所：中小企業庁「先端設備等導入計画策定の手引き」

● 図表4-46　先端設備等導入計画の基準要件 ●

一定期間	3年間、4年間または5年間 （市区町村が作成する導入促進基本計画で定めた期間）
労働生産性 の算式	労働生産性＝（営業利益＋人件費＋減価償却費）÷労働投入量（労働者数又は労働者数×1人当たり年間就業時間）
労働生産性の 向上率基準	直近事業年度末比で労働生産性が年平均3％以上向上
対象設備	機械装置、測定工具および検査工具、器具備品、建物附属設備、ソフトウェア

出所：中小企業庁「先端設備等導入計画策定の手引き」より作成

入しようとする中小企業者が対象です。組織形態としては個人事業者、会社、組合等となります。

「先端設備等導入計画」の要件として、図表4-46のとおり、「一定期間内に、労働生産性を、一定程度向上させる」ことが必要です。

また、計画内容が新たに導入する設備が所在する市区町村の「導入促進

基本計画」に合致する場合に認定を受けられます。

なお、認定を受けるためには、該当する新規取得設備の取得日より前に「先端設備等導入計画」の策定・認定が必要です。

③ メリット

先端設備等導入計画の認定を受けると、対象となる生産性を高めるための設備を取得した場合、固定資産税の軽減措置（3年間、ゼロ～2分の1の間で市町村の定める割合に軽減）により、税制面から支援を受けられます。

他にも金融支援、補助金での優先採択などの支援策があります。

● 図表4-47　先端設備等導入計画認定取得者への主な支援策 ●

支援分野	支援内容
補助金	ものづくり補助金等の補助金審査上の加点
税制措置	対象の新規取得設備に係る固定資産税の軽減
金融支援	信用保証協会の保証枠への別枠加算

● 図表4-48　先端設備等導入計画認定にもとづく税制支援の適用手続き ●

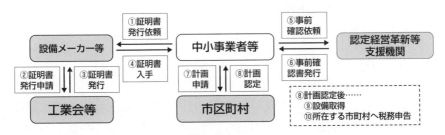

出所：中小企業庁「先端設備等導入計画策定の手引き」

(2) 認定取得方法

① 申請方法

「先端設備等導入計画」の様式・記載例を確認し、必要要件を満たす計

画を作成します。計画書の主な記載内容は、**図表4-49**のとおりです。そのうえで認定支援機関に確認を依頼のうえ、確認書を発行してもらいます。

● 図表4-49　先端設備等導入計画の記載内容 ●

①先端設備等導入の内容
　・事業の内容及び実施時期
　・労働生産性の向上に係る目標
②先端設備等の種類及び導入時期
　・直接当該事業の用に供する設備として取得する設備の概要
　　例）機械の種類、名称・型式、設置場所等
③先端設備等導入に必要な資金の額及びその調達方法
※認定経営革新等支援機関が事前確認を行う

出所：中小企業庁「先端設備等導入計画策定の手引き」

計画申請書は新たに導入する設備が所在する市区町村に提出します。

② 審査内容

「一定期間内に労働生産性を一定程度向上させる」という計画要件を充足しているか、また、計画内容が新たに導入する設備が所在する市区町村の「導入促進基本計画」に合致するかなどの観点から審査が行われます。

(3) 認定実績

中小企業庁によると、平成30年12月31日時点で、1,594自治体で認定を受けた計画は17,868件、認定計画に盛り込まれた設備等の数量は合計で47,865台、約5,076億円とされています。

第5章
業界と地域特性による補助金活用支援事例

- 第1節　製造業のものづくり補助金のケース
- 第2節　サービス業のものづくり補助金のケース
- 第3節　小売業の持続化補助金のケース
- 第4節　サービス業の持続化補助金のケース

第1節 製造業のものづくり補助金のケース

　ものづくり補助金では、製造業でも「ものづくり技術」ではなく、「革新的サービス」の類型で申請することも可能です。
　ただし、既存事業の本業と離れた新規事業ではビジネスモデルの構築も難しいと考えられます。顧客確保の点においても、既存事業の強みを活かせる事業だと実現性が高いといえるでしょう。

01　A社の概要

　板金加工業のA社はC市の工業団地内で先代社長が創業し、金属部品を複数の機械メーカーなどから受注製作しています。近隣の同業者が売上減少や後継者不在などを理由に廃業していく中、当社は短納期、少ロット生産を強みにして何とか生き残ってきました。

● 図表5-1　A社の概要 ●

資本金	1,000万円	経営者	2代目 4年前就任（52歳）
業歴	45年	従業員数	16名
業種／事業内容	板金加工業／機械部品等製造	主要取引先	機械メーカー、電機機器メーカー、什器メーカー他約30社

しかしながら、海外調達をすすめる取引先の価格要求は厳しく、近年では受注量自体も減少傾向で、利益率が低下した結果、ここ2期は赤字転落を余儀なくされている状況です。

02 ものづくり補助金活用の経緯と背景

先代から経営を引き継いで5年目の現社長は、このままでは先行きが見通せないことから、新規受注のための営業活動に注力しました。

そのような時、初めて受注した店舗用什器の製作をきっかけに、建築内装用金物の利益率が機械部品よりもかなり高いことに気づいたのです。

そこで、建築内装系の新規受注に絞って営業活動を進めていたところ、知人の経営者からの話で、ものづくり補助金を知りました。自社でも申請できないかと考え、普段から何かと相談している取引金融機関の担当者に聞いてみると、本部に問い合わせをしたうえで、事業計画次第で採択の可能性があるのではないかという回答でした。

A社は機械メーカーの下請部品メーカーからの脱却を果たさない限り生き残りはできないと考え、新たな顧客を獲得するための資金として、ものづくり補助金の申請にチャレンジすることにしたのです。

03 補助金申請準備から採択へ

（1）補助対象事業の具体化

A社の社長は、ものづくり補助金への応募申請にあたって、建物の屋内空間を3Dスキャナーを用いた3次元データとして作成し、それをもとに金属部品を製作するサービスの事業化を考えました。

3Dデータをソフトウェアで処理したうえ、CADによる内装部材の製作図面を自動的に作成します。続いて、そのデータをもとにレーザー加工

機などの機械装置によってインテリア施工用の金属部品を製作するという既存事業につなげるというものです。

3Ｄ化の効果によって、それまで建築デザイナーや内装施工会社が行っていた図面作成が正確かつ迅速にでき、時間の大幅短縮が可能になります。これまでは、3Ｄ化による建築内装の設計は行われておらず、本事業を新サービスとして事業化した場合の効率化効果は明らかでした。

補助金申請を決めた段階で、すでにこの事業構想はほぼできていました。

(2) 事業計画書作成上の課題

① 新規事業としての実現性

当社にとっては、既存事業では3Ｄスキャナーを使用することはなく、その部分については、新規事業への挑戦でした。発注先から提供された3Ｄデータによる図面をもとに部品製作を行うことは以前から経験していましたが、自ら3Ｄデータを測定することは既存事業では行っていなかったのです。

② 事業化後の収益性・継続性

実際に事業化した場合にどのくらいの料金がよいか、どのくらいの需要がありそうかについて、不明な点が課題でした。

そこで、マーケティング調査活動の一環として、店舗のインテリア関連受注の際に関係があった内装施工業者やインテリアデザイナー、異業種交流会関係、紹介をもとに知り合った10名あまりの業界関係者に新事業に関するヒアリングを行いました。その結果、よい感触が得られ、ニーズが必ずあるとの確信を得たのです。

(3) 採択獲得のポイント

結果としてＡ社はものづくり補助金（革新的サービス）に採択されました。そのポイントを振り返ると、以下の点が考えられます。

① 革新性、実現性の高さ

　A社の既存事業の部品製作と異なり、建築分野は３Ｄデータ化が遅れている分野でした。３Ｄスキャナーもほとんど活用されていませんでした。しかし、本サービスを行うことによって、内装設計工程の大幅短縮が可能でコストダウンにもつながります。したがって、A社の事業は革新的サービスとして十分アピールできるものといえました。

　すでに３Ｄの機械装置やソフトウェア自体は実用化されており確立されたものです。また、商業施設などの内装部品を受注したことがあり、本事業の土台はできつつあったといえます。

　実現性の点でも、その点の具体的実績を写真なども加えて、事業計画書に記載しました。また、不安視していた３Ｄスキャナーの操作については、事前にレンタルした機器でテストを行ったうえ、操作方法への習熟期間も含めて、実施体制とスケジュールを明確にした点が評価されたものと考えられます。

② 収益性＝顧客ニーズの根拠明示

　本事業の構想について、建築デザイナーや内装施工業者などにニーズのヒアリングを行ったところ、多くの関係者から評価されました。その点を事業計画書に具体的にリストとして記載し、具体的かつ客観的にアピールできたことも事業の収益性の評価につながったものと思われます。

③ 既存事業との相乗効果

　本事業は既存事業の板金加工業にとって、利益率の高い建築内装分野での新規受注の拡大に貢献するものです。したがって、既存事業との相乗効果が期待できるものとして、A社の生き残りへ向けた意義の大きい事業として評価されたものと考えられます。

　板金加工業そのものとしては、収益性の低い下請部品メーカーだったところ、建築内装分野への進出を果たしました。さらに今回の新規事業による建築分野の受注増加によって生産性を向上させるストーリーが動き出したといえるでしょう。

（4）外部機関による支援

① 認定支援機関等

　経営革新等認定支援機関でもある県の中小企業団体に事業計画書の下書きを持参し、そのアドバイスをもとに計画をブラッシュアップしました。

　A社のこれまでの実績に加え、図表・写真も入れて説明を加え、事業計画書を完成させました。その結果、特にA社の下請部品メーカーからの脱却へ向けたストーリー作りの一環であることを表現できたといえます。

② 地域金融機関

　取引金融機関4行のうちの地元信用金庫が、ものづくり補助金をA社が申請予定であるとの情報を得て訪問し、採択の決定を経て、つなぎ資金融資1,000万円を実行しました。

　その後、補助金対象の事業開始をきっかけに、さらに新規融資を検討しています。補助金の交付もあって黒字転換が加速し、他行の肩替りを含めた長期資金の提案を行う予定です。

　事前にA社社長に打診したところ、融資の実行によって金利負担、返済負担とも軽減されることから、前向きに検討したいとの感触を得ています。

第2節
サービス業のものづくり補助金のケース

　ものづくり補助金では商業・サービス業も対象になりますが、製造業と同様に設備投資が必須要件です。サービス業の場合、設備投資によって新しい革新的サービスの創出やサービス提供プロセスの改善を図る事業であることが要件になります。ソフトウェアやシステム開発も設備投資の対象になるので、事例のようにITを活用する事業も考えられるでしょう。

01　B社の概要

　B社の経営者は、大手企業に20年近く勤務し、主にITシステムのプラットフォームを用いたプロモーション事業を担当していました。
　その後、勤務時代に知り合った政府系研究機関の技術者が開発したICカードのデータ伝送に関する特許技術をもとに、大手企業を退職し、IT

● 図表5-2　B社の概要 ●

資本金	1億5,000万円	経営者	創業者 （55歳・男性）
業歴	7年	従業員数	3名
業種／事業内容	情報サービス業／ ICカードシステム運営	主要取引先	鉄道事業者、商業施設等

系サービス事業を運営するベンチャー企業を創業しました。

会社設立当時は、ベンチャーブームで個人投資家やベンチャーキャピタルから資金調達に成功し、建物内や屋外に設置できる大型端末機とICカードを連動させるシステム一式を開発。サービスを開始しました。

02 補助金活用の経緯と背景

事業開始後、しばらくは受注が少なく、一時は資金繰り的にも厳しい状況に陥りましたがなんとかもちこたえ、2年目の終わりには鉄道会社からのイベント向け受注に成功しました。それをきっかけに、商店街や商業施設からの受注などにも成功するようになったのです。その後、徐々に売上があがり、創業から5年目には会社全体としてようやく黒字転換を果たしました。

しかしながら、イベント向けのスポット受注が多く、黒字定着のためには継続的に安定した売上確保が課題でした。特に現在のシステムでは大型の専用端末装置がネックとなって、常設サービスの導入が中々進まないという問題点があったのです。

そこで、既存の汎用タブレット端末を使って、飲食店などの個々の店舗でも手軽に導入できるシステムの開発を行うことにし、ものづくり補助金に応募申請することにしたのです。

03 補助金申請準備から採択へ

（1）補助対象事業の具体化

持ち運び可能、低額で導入可能なタブレット端末を端末機器としたICカードサービスの事業アイデアは、補助金の有無にかかわらず事業化すべき時期にきていました。

そこで、ものづくり補助金の申請にあたっては、革新的サービスでの応募を前提に公募要領を確認し、補助金事務局にも確認の結果、システム開発費用も機械装置費として補助対象経費に該当すると確認できました。

従来の端末機は、駅や施設などの多くの人が通行するスペースに設置する比較的大型のものが中心でした。しかも、専用端末のため、設置するにはユーザーが端末機を購入するか、当社がレンタルする必要があり、金額と置き場所の点でサービス普及のネックとなっていました。

そこで、街の飲食店など小規模な店舗の店頭でも、スタンプサービスやポイントサービスを導入しやすいように安価なタブレット端末を端末機として利用するソフトウェアを開発することを補助事業として計画しました。

(2) 事業計画書作成上の課題

① 対象事業の新規性

既存事業から派生した新サービスのためのシステム開発のため、実現性については説明しやすいといえます。ただ、基盤となるシステム自体はすでに開発済で稼働しており、新規事業とはいいきれませんでした。

そこで、既存事業の延長ではなく、新たな事業として新規性、革新性を理解してもらえるような説明が課題と考えられました。

② 対象事業の収益性

新事業は従来と異なるターゲットでの新サービスとなるため、新規顧客の開拓が可能か、どのような顧客ターゲットで、どのようなニーズが最も高いかなどを明らかにすることが必要です。

さらに、システム開発後の事業化段階で顧客ターゲットを具体化したり、料金水準やサービス内容を企画することが課題として残りました。その点を具体化したうえで、前提根拠をもとに損益計画をたてることが必要でした。つまり、対象事業の収益性を評価するための計画が不足していたといえます。

(3) 採択獲得のポイント

結果は無事採択となりました。そのポイントについて、主に想定されるのは下記の点です。

① 技術とサービスの革新性と実現性

もともと独自の特許を利用した技術が基盤になっていますので、技術的背景から革新性が評価できるものです。

さらに、補助対象事業は個々の店舗向けであり、ターゲットは既存事業とまったく異なるものの、既存事業から派生した事業であるため、実現性が高いと評価されたものと考えられます。

革新性が高いだけでなく、すでに商業施設や交通事業者向けのサービスは事業化され、収益性も確保されていますので、その点でも評価された可能性があるでしょう。

実際に事業の実施体制として、開発を担当する社内の担当者の経歴、開発内容、協力会社との分担や開発スケジュールを事業計画書に記載した点も実現性の評価にプラスだったといえるでしょう。

② 具体的なターゲット選定と顧客候補先

今回の革新的サービスは、既存事業と顧客ターゲットが異なり、小規模店舗を対象としています。その中でも中規模の飲食店チェーンを最大のターゲットにすることにして、マーケティングを開始しました。その結果、具体的な顧客候補や引合いも見込めたため、その点について、候補先の社名を具体的に事業計画書に記載しました。

すでに既存事業では顧客を確保していますので、審査の上では事業の収益性、継続性の点でも一定の評価を受けたものと推定されます。

(4) 外部機関による支援

補助金申請にあたって、事業計画書の作成は、以前に経営革新計画認定取得の際に支援を受けたコンサルタントに成果報酬契約で委託しました。

経営陣が自力で作成することもできましたが、事業そのものの推進に忙しく、社外の力を借りることにしたのです。

コンサルタントは、当社の既存事業についてよく理解していたので、計画書の作成はスムーズに進みました。認定支援機関の確認書についても、コンサルタントから紹介された認定支援機関から取得し、申請を完了できました。

第3節
小売業の持続化補助金のケース

　持続化補助金の範囲は幅広く、多くの小規模事業者が応募可能な補助金です。販路開拓等の売上拡大、収益性向上へ向けた新たな施策が対象になります。
　とはいえ、競争する他事業者の中から採択されるには、独創性、新規性が必要です。支援する立場としては、アイデアを出したり、事業の具体性を高めることや、顧客の立場からアドバイスをすることが大切になります。

01　C社の概要

　経営者はリサイクルショップでの勤務経験等を経て、10年前に大都市郊外の駅から徒歩3分の立地に広さ約20坪の古着店を独立開業しました。
　海外からの買付けや一般家庭からの買取りなど多様な独自の直接仕入

● 図表5-3　C社の概要 ●

資本金	300万円	経営者	創業者 （38歳・男性）
業歴	10年	従業員数	パート・アルバイト3名
業種／事業内容	古物商（小売）／古着ショップ	主要顧客	一般個人 （40代以上の女性）

ルートを元にした独自の品揃えが強みです。その結果、40代以上の女性顧客を集め、経営状況は当初から比較的順調でした。他店があまり扱わないビンテージ・アンティーク衣料に対する目利きも強みの1つとなりました。

02 補助金活用の経緯と背景

開業から10年経過し、近年では新規顧客が増えず、店舗設備の老朽化とともに固定客の高齢化も進み、売上は停滞気味でした。そのような状況で、そろそろ店舗の改装が必要であることが認識されていました。とはいえ、日々の忙しさから、そのままになっていたというのが実情です。

そのような時、異業種交流会で知り合った経営者から持続化補助金の募集開始を知り、この機会に補助金を活用して、店舗の改装に取り組むことを検討しました。申請書類が比較的簡単で、自分でもできそうだったため、商工会の指導員に相談をし、実際に申請書類作成を開始することにしたのです。

03 補助金申請準備から採択へ

(1) 補助対象事業の具体化

ところが、相談した商工会の指導員からは、競争率の高い持続化補助金で採択されるには、単なる店舗改装を対象事業とするのでは難しいのではないかと厳しい指摘を受けました。売上拡大に効果がある独自の工夫が求められたのです。

さらに、自社の強みにもとづいて今後の方針を立て、それに沿った独自の工夫を計画に盛り込むようにアドバイスされました。

そこで、改めて自社の強みを見直し、店舗のコンセプトを見直し、顧客

の視点から店舗の内装や設備を見直した上で、どのような改装を行うかを考えることにしました。

(2) 事業計画書作成上の課題

以上のように、店舗改装を補助対象事業とするにしても、自社の強みを活かしつつ、独自の工夫をどう示すか、実際に売上拡大効果につながる事業計画にどのように具体化したらよいのかが課題でした。

検討の結果、よりシニア層をターゲットにして、バリアフリー化や落ち着いた快適な空間づくりを行い、時間をかけて買い物をしてもらうことをコンセプトにした店舗改装プランを考えることが課題となりました。

(3) 採択獲得のポイント

そこで、専門家にも相談し、計画を具体化しながら、何回も記載し直して事業計画書を作成し、最終的に応募申請を行いました。その結果、無事に採択に至りました。そのポイントは以下の点と考えられます。

① 自社の強みをもとにしたターゲット顧客の絞込み

独自の仕入ルートや目利きを強みとして、古着とはいっても独自性の高い高品質な品揃えを増やすことで他社と差別化することが大切だと再認識しました。

価格の安さや流行のスタイルではなく、買い物の楽しさを求め、オリジナル性の高い自分だけの服をゆっくりと選ぶシニア層にターゲットを絞りました。これは、店舗立地の環境を改めて調べてみた結果、シニア層の比較的多い高級住宅地に隣接していることが判明した結果です。

② 店舗コンセプトを明確にした改装プラン

そして、このようなターゲットにマッチした店舗設備とイメージを改装プランとして具体化しました。店舗になるべく長く滞在してもらい、買い物をゆっくり楽しんでもらえる工夫を盛り込んだのです。

具体的には、休憩用の椅子の設置、試着スペースの拡大、床の段差解

消、照明の明るさの調節などです。

　事業計画書では、実際の店舗イメージをインテリアデザイナーの協力のもとイメージ図や写真を添付し、わかりやすく説明した点もよかったと思われます。

③　補助事業効果としての売上計画根拠

　店内での滞在時間が長い来店客ほど単価が高いという経験値とこれまでの平均客単価、平均購入客数の実績データをもとに、改装後の売上計画を作成しました。売上計画はこのようなデータを記載することで具体的根拠を明確に示すことができました。

(4) 外部機関による支援

　持続化補助金は商工会もしくは商工会議所に確認書を発行してもらい申請する仕組みです。事前の相談体制も整っています。今回のケースでも、担当指導員のアドバイスにしたがって計画をブラッシュアップしたことが採択につながったといえます。

第4節 サービス業の持続化補助金のケース

　前向きな姿勢で新しいことに取り組む経営者であれば、個人事業者でも持続化補助金に応募可能といえます。対象事業が広いため、集客や売上拡大に積極的な経営者には、応募へのチャレンジを勧めるとよいでしょう。
　個人事業者でも専門家から支援を受けることで、事業計画書をブラッシュアップし、採択の獲得につなげることができます。

01　Dさん（個人事業者）の概要

　Dさんは、体育大学出身で現役選手時代には大会での入賞経験もあります。その後、大手フィットネスクラブにインストラクターとして20年あまりの勤務を経て、フィットネス業界での人脈を元に、フィットネススタジオを都市郊外のターミナル駅近くの立地に独立開業しました。

● 図表5-4　Dさん（個人事業者）の概要 ●

資本金	個人事業者	経営者	創業者 （45歳・女性）
業歴	3年	従業員数	1名・契約スタッフ5名
業種／事業内容	個人向けサービス／フィットネススタジオ	主要顧客	一般個人 （30～40代の女性）

当初から近隣のOL、主婦を中心に顧客を集め、経営は成り立ったものの、計画の売上には達しませんでした。その後、開業から3年の経過を期にさらに集客を増やそうと、ホームページの改定をすることにしたのです。

02 持続化補助金活用の経緯と背景

創業支援融資を借りた地元の信用金庫を通じて、商工会議所の指導員を紹介され、ホームページの改定についてアドバイスを受けていたところ、持続化補助金への応募を勧められました。そこで、ホームページの改定だけでなく、チラシの作り直しも含めて持続化補助金の活用を検討し始めたという経緯です。

03 補助金申請準備から採択へ

（1）補助対象事業の具体化

経営者のDさんは最初の段階では、単にホームページとチラシのデザインの作り直しに補助金が使えればよいという考えしかありませんでした。
しかし、補助金の公募要領で「審査の観点」の内容を確認するうちに、それだけでは応募しても採択されないのではないかと心配になったのです。
具体的には、「創意工夫の特徴があるか」どうかという点だけをとっても、その時点の計画では不十分に思えました。ホームページやチラシでの広告・宣伝だけではなく、そもそも誰に向けてアピールするのか、アピールできる点は何かを改めて考えることも必要だと気づいたのです。

（2）事業計画書作成上の課題

　公募要領の「審査の観点」を踏まえて、下記の点を課題として、事業計画書の作成を行いました。商工会議所の専門家派遣制度も利用して、中小企業診断士のアドバイスを受けながら、特に下記の点を意識して計画書を作成することにしました。

① 　新たな顧客ターゲットの設定

　これまでの顧客は近隣の会社に勤めるOLや主婦など30～40代の女性が中心でした。それに対して、店舗の近隣には富裕層の多い住宅地があることがわかり、これまでよりシニア層をターゲットにすることで新たな集客につなげることが可能ではないかと考えました。

② 　コンセプトの明確化とPR

　シニア層をターゲットにした場合には、ダイエットなどよりも健康作りを打ち出した方がよいのではないかと考えました。そこで、「楽しみながら健康作り」をコンセプトにし、それを具体的にどうPRすればよいかを課題にしました。

③ 　トータルなブランド作り

　以上の課題をもとに新たにコンセプトとターゲットを設定し、そこに向けてホームページやチラシを作り直すことを通じて、いわばブランド作りに取り組むことが課題となりました。キャッチコピーやデザインの制作で新たなターゲットである裕福なシニア層を中心に見据える作戦です。

（3）採択獲得のポイント

　事業計画書の作成には時間もかかり大変でした。とはいえ、補助金に採択されただけでなく、持続化補助金へのチャレンジを通じてマーケティング全般の見直しを行うことができました。その結果、今後に向けて経営そのものをブラッシュアップするよい機会となったのです。

　採択のポイントは、下記のとおり、強みの分析から新たなターゲット設

定と新サービスの企画、ブランド作りまでを含めた総合的なマーケティングの視点から見直しを行った結果といえるでしょう。

① 強みの客観的分析

　選手としての入賞実績やインストラクターとしての実績を経営計画書に具体的に記載することで、自分の強みを客観的にアピールすることができたといえます。その実績が専門性の高さとして、年配顧客への安心感やブランド作りにプラスになると考えられます。

② 統合的マーケティングの視点

　店舗のコンセプトを新たに「楽しみながら健康作り」とし、特にシニア層顧客を新たなターゲットとして追加、ターゲット向けの新コースメニュー開設（シニア女性専用マンツーマンコース）などを行った上で、それをＰＲするホームページとチラシの改定を行うことを計画書に記載した点が評価されたと考えられます。

　審査の観点で示されている「今後の方針」にもとづく施策としての事業ということになります。

　具体的なホームページとチラシの改定には、キャッチコピーやロゴマークのデザイン制作も含めて、同じ経営者交流会のブランディングコンサルタントに格安料金でお願いすることにし、対象経費の計画に入れました。

(4) 外部機関による支援

　当社は商工会の専門家派遣制度を使って、中小企業診断士にマーケティング全般の見直しについて支援を受けました。この点が補助金獲得だけではなく、今後の経営へ向けた見直しの大きなきっかけになったといえます。

　取引金融機関は、創業支援融資先のフォローアップの一環として、タイミングよく商工会議所の指導員を紹介するという最初のきっかけを作ったことで、経営者のＤさんから感謝され、事業が成功すれば今後の融資にもつながると期待されます。

Ｄさんはこの補助金で新たなターゲットに対する集客へ着手しましたが、次に行う予定のスタジオ拡張と機材設備の購入には数百万円かかる見込みです。そこで設備資金の融資検討を進めることになりました。
　金融機関は情報提供や外部専門家紹介等のコーディネーターとしての役割も期待されるといえます。

【著者紹介】

大西　俊太（おおにし　しゅんた）

株式会社ベンチャーパートナーズ 代表取締役
中小企業診断士、MBA

昭和57年一橋大学卒業後、同年三井銀行（現三井住友銀行）入行。営業店（法人融資・渉外）、審査部、秘書室、ベンチャーキャピタル、事業会社勤務を経て、平成21年独立。資金調達支援、補助金活用支援、創業・IPO支援、に従事。
著書『渉外担当者のための　創業支援がよくわかる本』（経済法令研究会（共著））など。
講演・セミナー「スタートアップのための資金調達戦略」「補助金獲得のための事業計画書作成」「確実に補助金審査に通るコツ」他多数。

渉外担当者のための 補助金活用支援がよくわかる本

2019年6月20日 初版第1刷発行

著　者　大　西　俊　太
発行者　金　子　幸　司
発行所　㈱経済法令研究会
〒162-8421　東京都新宿区市谷本村町3-21
電話 代表 03（3267）4811　制作 03（3267）4823
https://www.khk.co.jp/

営業所／東京03（3267）4812　大阪06（6261）2911　名古屋052（332）3511　福岡092（411）0805

イラスト／井上秀一　カバーデザイン／㈲ねころのーむ
制作／中村桃香　印刷／富士リプロ㈱　製本／㈱ブックアート

©Shunta Onishi 2019　Printed in Japan　　　　　　　ISBN 978-4-7668-3401-7

☆　本書の内容等に関する追加情報および訂正等について　☆
本書の内容等につき発行後に追加情報のお知らせおよび誤記の訂正等の必要が生じた場合には、当社ホームページに掲載いたします。
（ホームページ　書籍・DVD・定期刊行誌　メニュー下部の　追補・正誤表　）

定価はカバーに表示してあります。無断複製・転用等を禁じます。落丁・乱丁本はお取替えします。